Gloria Boateng

Wir sind alle verschieden, und das ist gut so!

Kreative Unterrichtsideen zur Förderung des Gemeinsinns und der Wertschätzung von Vielfalt

Klasse 3–4

Die Autorin

Gloria Boateng kam im Alter von 10 Jahren aus Ghana nach Deutschland.
Nach dem Abitur und einer Fremdsprachenausbildung studierte sie Deutsch und Technik auf Lehramt. Heute ist sie Lehrerin, Moderatorin, Autorin, Fitnesstrainerin und (Food-)Coachin. Als Bildungsaktivistin kämpft Gloria Boateng seit ihrer Jugendzeit für mehr Bildungschancen und Partizipationsmöglichkeiten für junge Menschen. Sie gründete deshalb 2008 gemeinsam mit anderen Studierenden den gemeinnützigen Bildungsförderverein SchlauFox e. V., der sich zu einem großen Träger der Kinder- und Jugendhilfe entwickelt hat. Das Team aus inzwischen 300 Ehrenamtlichen unterstützt mit seinen fünf Programmen sozioökonomisch benachteiligte Kinder und Jugendliche auf ihrem individuellen Bildungsweg. Gloria Boateng und SchlauFox e. V. wurden mit diversen Preisen für dieses Engagement ausgezeichnet. Unter anderem erhielt Boateng 2011 die Integrationsmedaille vom Bundesamt für Migration, Integration und Flüchtlinge. Sie ist seit 2016 Preisträgerin der Goldenen BILD der FRAU und wurde im Dezember 2019 von Bundespräsident Steinmeier mit dem Bundesverdienstkreuz geehrt.
Gloria Boatengs Autobiografie „Mein steiniger Weg zum Erfolg – Wie Lernen hilft, Hürden zu überwinden, und warum Aufgeben keine Lösung ist" erschien 2019 im smm Leichte Sprache Verlag.

1. Auflage 2023

AAP Lehrerwelt GmbH
Veritaskai 3
21079 Hamburg
Telefon: +49 (0) 40325083-040
E-Mail: info@lehrerwelt.de
Geschäftsführung: Christian Glaser
USt-ID: DE 173 77 61 42
Register: AG Hamburg HRB/126335

Wir verwenden in unseren Werken eine genderneutrale Sprache. Wenn keine neutrale Formulierung möglich ist, nennen wir die weibliche und die männliche Form.
In Fällen, in denen wir aufgrund einer besseren Lesbarkeit nur ein Geschlecht nennen können, achten wir darauf, den unterschiedlichen Geschlechtsidentitäten gleichermaßen gerecht zu werden.

Autorschaft:	Gloria Boateng
Unterstützung:	SchlauFox e. V.
Covergestaltung:	TSA&B Werbeagentur GmbH, Hamburg
Coverillustration:	Lennart Schütt
Illustrationen:	Lennart Schütt (Hauptillustrator), Axel Nicolai (Pikto_Blumen), Heike Heimrich (Rahmen Blätter), Denise Müller (Schmuckrahmen Sterne), Katharina Reichert-Scarborough (Schmuckrahmen Herzen, Blätter, Pikto_Kleeblatt, Hände, Sack), Corina Beurenmeister (Schmuckrahmen Paradies, Frisbee), Stefanie Abt-Seitzer (Pikto_Monster), Petra Lefin (Pikto_Puzzle), Manuela Ostadal (Pikto_Fußball)
Satz:	Satzpunkt Ursula Ewert GmbH, Bayreuth
Druck und Bindung:	Design and printing JSC KOPA, Kaunas

ISBN: 978-3-403-20885-3
www.persen.de

Inhaltsverzeichnis

Vorwort

Liebe Kolleg*innen,

Deutschland ist ein vielfältiges Land. Hier leben Menschen unterschiedlichen Alters, verschiedener Größen, Geschlechter und geschlechtlicher Identitäten, Hobbys, Nahrungspräferenzen, Hauttöne, Religionen, (Erst-)Sprachen, sexueller Orientierungen, mit und ohne Beeinträchtigungen und besonderen Bedarfen; Menschen, die unterschiedlich sozial und kulturell beeinflusst worden sind; Familien in unterschiedlichen Zusammensetzungen und Formen. Wenn ein Mensch aufgrund seines zugeschriebenen *Andersseins* angegriffen wird, wird unser Land angegriffen, unsere Demokratie, unser Frieden. Das hat Auswirkungen auf uns alle. Deshalb ist es wichtig, dass wir uns aktiv und positiv mit der Vielfalt in diesem Land auseinandersetzen. In den Familien und Kitas, in den Schulen, an den Universitäten, in den Behörden, in den Firmen, Vereinen und Stiftungen – überall! Denn nur, wenn wir die Vielfalt als Chance, als Geschenk begreifen, sie feiern und sie uns zunutze machen, nur dann können wir gemeinsam in Frieden leben und unsere Demokratie aufrechterhalten. Deshalb braucht es Materialien wie dieses Heft als Unterstützung dabei, Vielfalt erlebbar und sichtbar zu machen. Erziehung zu einem guten Miteinander und Herzbildung passieren nicht von allein. Es braucht Impulse, vorbildhafte Handlungen, es braucht explizite Auseinandersetzung, es darf Spaß machen. Dieses Material gibt einige Ideen dafür, Vielfalt in der Klasse und Schule, in den Familien und in der Gesellschaft zu entdecken.

Viel Spaß mit der Arbeit mit diesem Material. Bitte beachte: Dieses Heft enthält lediglich eine kleine Auswahl an Anregungen, es gibt noch viele mehr, mit denen du dich dem Thema annähern kannst. Ergänze das Material gern und kontaktiere mich, damit das Material als Fundus weiterwachsen kann.

Danke, dass du dich mit deiner Klasse für unsere vielfältige Gesellschaft starkmachst.

Meine allerbesten Grüße

Gloria Boateng

Hey, Leute,

wir sind die SchlauFox-Familie und führen euch durch dieses tolle Schulbuch.

SchlauFox ist ein gemeinnütziger Verein mit Sitz in Hamburg, der 2008 gegründet wurde. Der Verein fördert und begleitet sozioökonomisch benachteiligte Kinder und Jugendliche auf ihrem individuellen Bildungsweg (www.schlaufox.de).

Wir SchlauFox-Figuren sind aus dem Vereins-Logo entstanden. Cool, was?!

Jede Person ist einzigartig – du auch!

1 Entscheide dich für eine Person aus deiner Klasse, die du beschreiben möchtest.
Fülle die Lücken entsprechend aus.

Die gesuchte Person ist ________ Jahre alt.

Sie ist ________________________ (z. B. musikalisch begabt, ein Junge, ein Mädchen).

Sie hat ____ Haare.

Sie ____ (Hobbys, z. B. spielt gern Fußball).

Sie hat ____ (Geschwister).

Sie spricht auch ________________________________ (andere Sprachen außer Deutsch).

Ihr besonderes Merkmal ist ____
(z. B. eine Narbe, besondere Größe, spezielles Hobby).

Die Person ____.

2 Sag dieser Person etwas Schönes. Du kannst hierfür den Wortspeicher nutzen.
Schneide die Komplimentekarte aus und überreiche sie dem Kind.

Wortspeicher

hilfsbereit – freundlich – ordentlich – ruhig – kommunikativ (du redest gern mit anderen) – fleißig – geduldig – fair – anpassungsfähig – ein guter Freund / eine gute Freundin – ein guter Zuhörer / eine gute Zuhörerin – lustig – fantasievoll – mutig – pünktlich – gewissenhaft – ehrlich

Komplimente für ____

Du bist ____.

Du ____.

Besonders toll finde ich an dir, dass ________________________.

Schön, dass du in unserer Klasse bist!

Ein Baum ist nur ein Baum

1 Male einen Baum in den Kasten.

2 Schaue dir deinen Baum einmal genau an. Wie sieht er aus? Was ist an ihm besonders? Notiere.

___

___

___

___

___

3 Stellt euch eure Bilder gegenseitig vor. Was fällt euch auf? Besprecht euch.

Platzdeckchen: Was kann alles verschieden sein an Menschen?

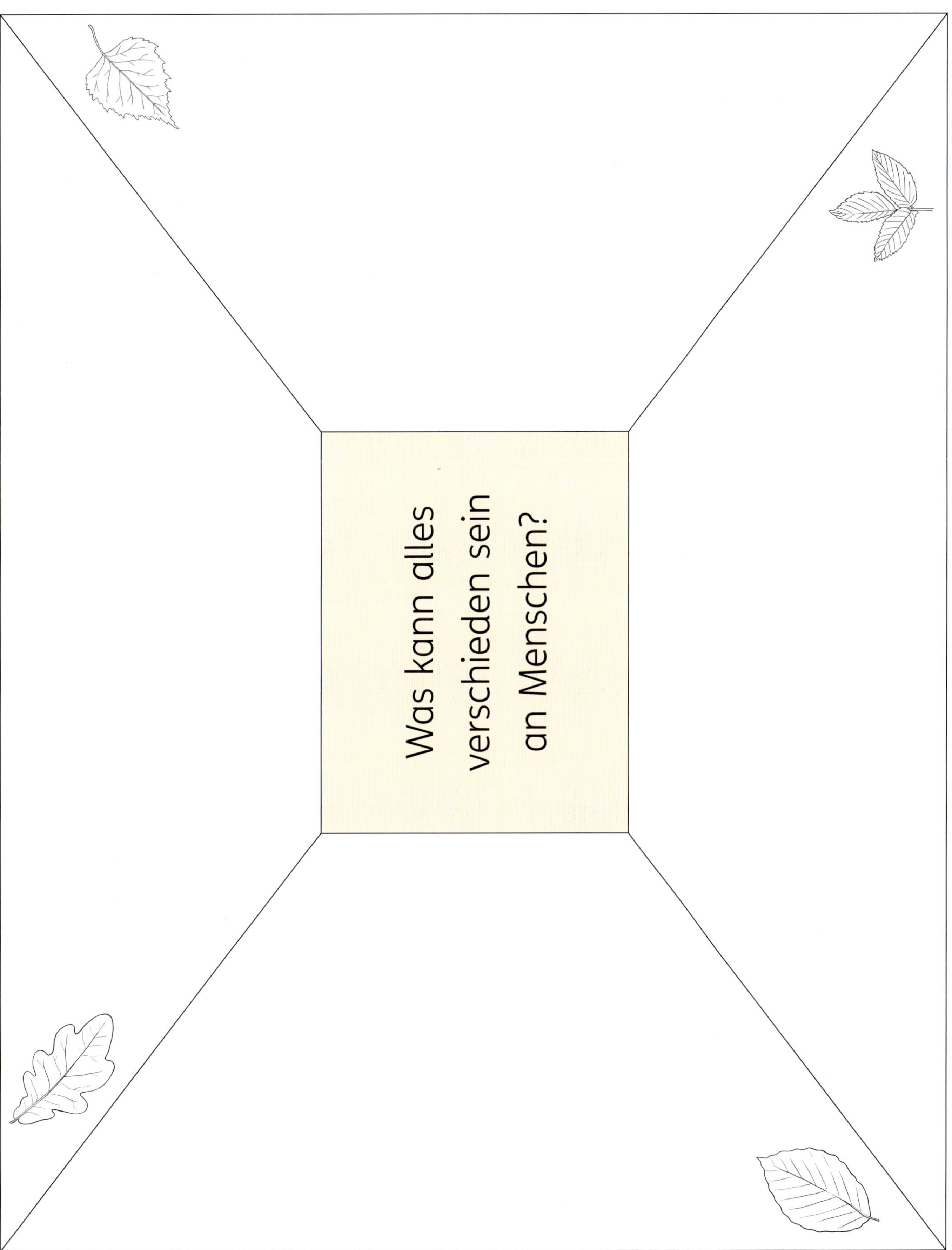

Daher kommt mein Körper I

Jeder Mensch ist vielfältig. Wir sprechen verschiedene Sprachen, mögen verschiedene Speisen, haben verschiedene Hobbys. Bestimmte Länder, Nationen und Kulturen sind uns näher als andere. Das verteilt sich unterschiedlich auf unseren Körper. Deshalb wollen wir herausfinden, woher unser Körper kommt. Das kann sich auf Länder beziehen oder innerhalb Deutschlands auch auf Bundesländer.

1 Woher kommt SchlauFox' Körper? Lies dir die Texte durch.

Meine **OHREN** kommen aus Australien.
Begründung: Ich habe so viel Spannendes über Australien **gehört**, aber ich war noch nie da.

Mein **KOPF** kommt aus Peru.
Begründung: Ich **denke** oft daran, dass ich da gern mal hinreisen möchte.

Mein **MUND** kommt aus England.
Begründung: Ich **spreche** gern Englisch. In der Familie sprechen wir Englisch.

Meine **AUGEN** kommen aus der ganzen Welt.
Begründung: Ich liebe es, Neues zu **entdecken**. Außerdem habe ich Freundinnen und Freunde aus vielen Ländern der Welt.

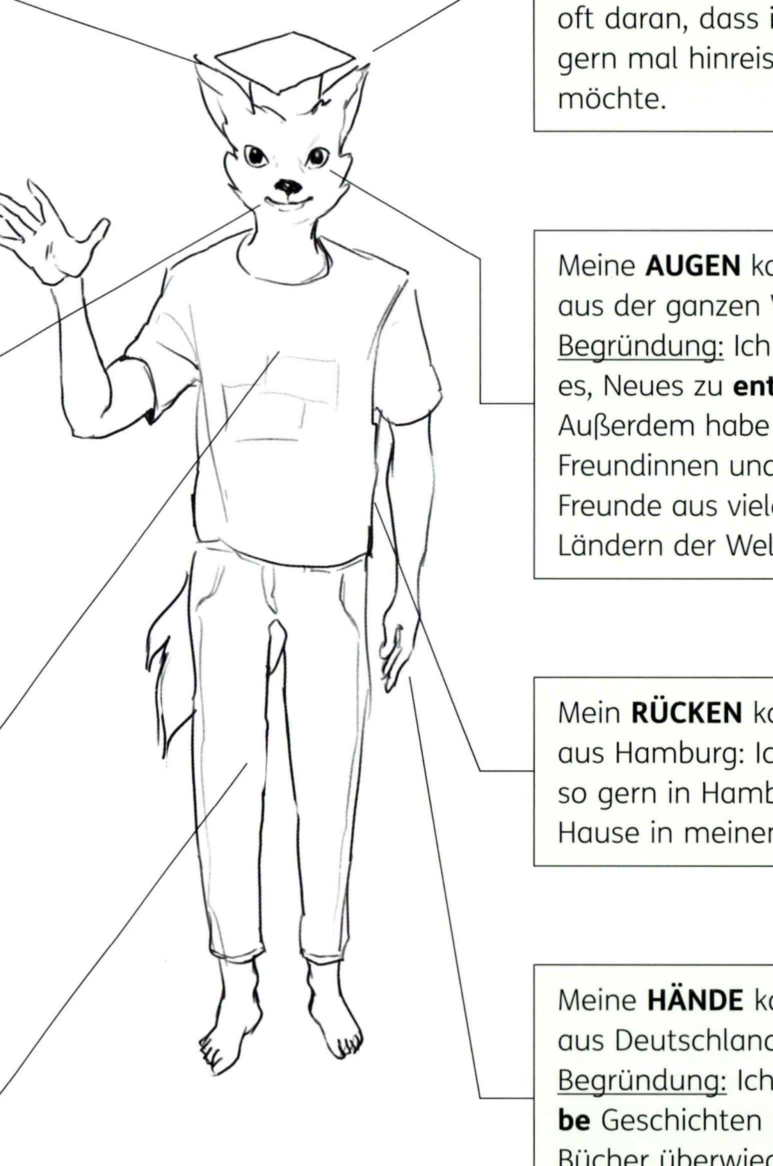

Mein **MAGEN** kommt aus Ghana, Italien und Indien.
Begründung: Ich **esse** gern ghanaische, italienische und indische Speisen.

Mein **RÜCKEN** kommt aus Hamburg: Ich **liege** so gern in Hamburg zu Hause in meinem Bett.

Meine **BEINE** kommen aus den USA.
Begründung: Ich **tanze** gern Aerobic und Step-Aerobic.

Meine **HÄNDE** kommen aus Deutschland.
Begründung: Ich **schreibe** Geschichten und Bücher überwiegend auf Deutsch.

© SchlauFox e.V. / Gloria Boateng

Daher kommt mein Körper II

2 Woher kommt dein Körper? Notiere.

Meine Ohren kommen aus

____

Begründung: __________

____

Mein Kopf kommt aus

____

Begründung: __________

____

Mein Mund kommt aus

____

Begründung: __________

____

Meine Augen kommen aus

____

Begründung: __________

____

Mein Magen kommt aus

____

Begründung: __________

____

Mein Rücken kommt aus

____

Begründung: __________

____

Meine Beine kommen aus

____

Begründung: __________

____

Meine Hände kommen aus

____

Begründung: __________

____

Mein Herz kommt aus

____

Begründung: __________

____

Malt den Körper an.

3 Stellt euch eure Körper gegenseitig vor.

Tipp: Wenn ihr die Körper im Klassenraum auslegt, könnt ihr auch ein Ratespiel daraus machen: Welcher Körper gehört zu welchem Kind?

Suche zwei Kinder, die ...

1 Gehe durch die Klasse und suche jeweils zwei Kinder, auf die die Aussagen zutreffen.

2 Schreibe die Namen der Personen in das entsprechende Kästchen.

... Kinder, die mit links schreiben: ____________ ____________	... Kinder, deren Hautton dunkler ist als meiner: ____________ ____________
... Kinder, die mindestens zwei Sprachen gut sprechen: ____________ ____________	... Kinder, die in ihrer Freizeit gern Sport machen: ____________ ____________
... Kinder, die größer sind als ich: ____________ ____________	... Kinder, die ein Instrument spielen: ____________ ____________
... Kinder, die an Allah glauben: ____________ ____________	... Kinder, die zu Hause in ihrer Familie eine andere Sprache sprechen außer Deutsch: ____________ ____________
... Kinder, die mit nur einem Elternteil zusammenwohnen: ____________ ____________	... Kinder, deren Hautton heller ist als meiner: ____________ ____________
... Kinder, die nicht an irgendeinen Gott oder eine höhere Kraft glauben: ____________ ____________	... Kinder, die selbst oder deren Eltern nicht in Deutschland geboren sind, sondern in einem anderen Land: ____________ ____________

Vielfaltsbingo I

Hey, Kids, kennt ihr Bingo? Du hast nämlich dann ein Bingo, wenn vier Kästchen waagerecht, senkrecht oder diagonal ausgefüllt sind. Wenn das der Fall ist, schreist du einfach laut „BINGO!". Auf die Plätze, fertig, Bingo!

© SchlauFox e. V. / Gloria Boateng

1 Spiele das Bingo auf der nächsten Seite.

<u>Tipp:</u> Wenn du einen Bleistift benutzt, kannst du mehrmals Bingo spielen.

2 Wie hat dir das Bingospiel gefallen? Kreuze an.

☐ ☺ ☺ ☐ ☺ ☐ ☺ ☹ ☐ ☹ ☐ ☹ ☹

3 Begründe deine Meinung:

____

____

____

____

____

4 Was ist dir beim Spielen aufgefallen?

____

____

____

____

____

Vielfaltsbingo II

5 Finde und notiere den Namen des Kindes.

Dieses Kind spricht fließend Persisch: ______	Dieses Kind lebt mit einem Elternteil zusammen: ______	Dieses Kind hat drei oder mehr Geschwister: ______	Dieses Kind kann einen guten Witz erzählen: ______	Dieses Kind ist nicht in diesem Bundesland geboren: ______
Dieses Kind hat die gleiche Schuhgröße wie ich: ______	Dieses Kind kommt mit dem Fahrrad zur Schule: ______	Dieses Kind ist Vegetarier*in oder Veganer*in: ______	Dieses Kind kriegt so viel Taschengeld wie ich: ______	Von diesem Kind ist die Lieblingsfarbe Orange: ______
Dieses Kind war schon mal in einem Barfuß-park: ______	Dieses Kind hat im August Geburtstag: ______	Dieses Kind ist Mitglied in einem Sport-verein: ______	Dieses Kind feiert nicht am 24. Dezember Weihnachten: ______	Dieses Kind hat schon mal jemandem Geld gespendet: ______
Dieses Kind weiß schon, was es später mal werden will: ______	Dieses Kind geht regel-mäßig in eine Moschee oder in die Kirche: ______	Dieses Kind war schon mal in einem afrikanischen oder asiatischen Land: ______	Dieses Kind hat eine Urgroßmutter oder einen Ur-großvater, die / der noch lebt: ______	Dieses Kind kennt jeman-den, der oder die eine Behin-derung/Beein-trächtigung hat: ______

Mein anderes Ich I

Stelle dir einen Spiegel vor. Auf der Rückseite siehst du dich. Auf der Vorderseite siehst du dich ALS GANZ ANDERE Person. Du kommst aus einem anderen Land und hast ein anderes Leben.

© SchlauFox e. V. / Gloria Boateng

1 Male dich als eine andere Person in den Spiegel.

Mein anderes Ich II

2 Beantworte die Fragen.

a. Was ist an dieser Person anders als an dir?

____

____

b. Wo lebt diese Person?

____

____

c. Wie lebt diese Person? (mit wem? Was hat sie, was hat sie nicht?)

____

____

d. Was wünscht sich diese Person?

____

____

e. Wofür ist diese Person besonders dankbar?

____

____

3 Stelle dir vor, dass eines Tages nicht du, sondern diese andere Person vor deiner Haustür steht und klingelt. Wie würden deine Familie und dein Freundeskreis reagieren? Notiere.

Wortartenmix rund um Vielfalt

1 Male alle Nomen (Namenwörter) blau, die Verben (Tunwörter) grün und die Adjektive (Eigenschaftswörter) gelb an.

~~CHANCEN~~, SPRACHE, ~~HELFEN~~, ~~OFFEN~~, ALLEINERZIEHEND, TEILHABEN, IDENTIFIZIEREN, EINWANDERN, INTERESSIERT, WERTVOLL, VIELFÄLTIG, GLEICHWERTIG, BUNT, LIEBEN, RESPEKTIEREN, VERSCHIEDEN, RELIGION, GEMEINSAM, SICH AUSTAUSCHEN, DEMOKRATIE, HEIMAT, UNTERSTÜTZEN, WERTSCHÄTZEND, BEGEGNUNG, IDENTITÄT, AUSWANDERN, GERECHTIGKEIT, SICHERHEIT, BESCHÜTZEN, ZUSAMMENHALT

2 Ordne die Wörter in die Tabelle ein. Schreibe die Nomen mit dem Artikel (Begleiter) auf.

Nomen	Verben	Adjektive
die Chancen	helfen	offen

3 Wähle fünf Wörter aus Aufgabe 1 aus. Schreibe zu jedem Wort einen sinnvollen, vollständigen Satz in dein Heft. Achte auf die Rechtschreibung!

Ich, einfach unglaublich!

1 Stelle dir vor, du bist eine Person mit besonderen Fähigkeiten.

a. Welche Person wärst du dann?

____

b. Welche Superpower hättest du?

____

c. Was könntest du alles damit machen?

____

2 Zeichne und schreibe einen Comic über dich und deine Superpower.

Zwei Richtige

1 **a.** Denke dir zwei Talente, die du hast, und ein Talent, das du <u>nicht</u> hast.

b. Notiere die drei Talente. Achtung: Wähle eine andere Reihenfolge.

Lass dir dein Talentschild auf den Rücken kleben. Gehe durch den Raum und lies dir die Talente der anderen Kinder durch. Setze dann einen senkrechten Strich neben die zwei Talente, von denen du denkst, dass es die zwei richtigen Talente sind. Besprecht eure Ergebnisse.

© SchlauFox e. V. / Gloria Boateng

Zwei Richtige

1 **a.** Denke dir zwei Talente, die du hast, und ein Talent, das du <u>nicht</u> hast.

b. Notiere die drei Talente. Achtung: Wähle eine andere Reihenfolge.

1. Talent:

2. Talent:

3. Talent:

Lass dir dein Talentschild auf den Rücken kleben. Gehe durch den Raum und lies dir die Talente der anderen Kinder durch. Setze dann einen senkrechten Strich neben die zwei Talente, von denen du denkst, dass es die zwei richtigen Talente sind. Besprecht eure Ergebnisse.

© SchlauFox e. V. / Gloria Boateng

Meine Talente I

1 Jeder Mensch hat viele verschiedene Talente. Welche sind deine? Schreibe sie an die Sonnenstrahlen.

2 Von welchem Talent hast du so viel, dass du einer anderen Person etwas abgeben könntest?

____

____

Ich kann besonders gut faulenzen! Das mache ich auch am liebsten. Um Personen aus meinem Freundeskreis etwas davon abzugeben, lade ich sie zu mir nach Hause ein und wir faulenzen zusammen. Probiere es mal aus!

© SchlauFox e. V. / Gloria Boateng

3 Wie könntest du es schaffen, einer anderen Person etwas von dir abzugeben? Denke dir einen spannenden, witzigen oder merkwürdigen Weg aus. Du kannst ihn notieren oder zeichnen.

Meine Talente II

Talente können sich nur entwickeln, wenn sie gefördert werden. Durch Materialien, durch Unterricht, durch Fleiß und einiges mehr.

© SchlauFox e. V. / Gloria Boateng

4 Entscheide dich für eines deiner Talente, mit dem du ganz weit kommen willst. Welches Talent soll es sein? Schreibe es in das unterste Feld. Fülle dann die anderen Felder aus.

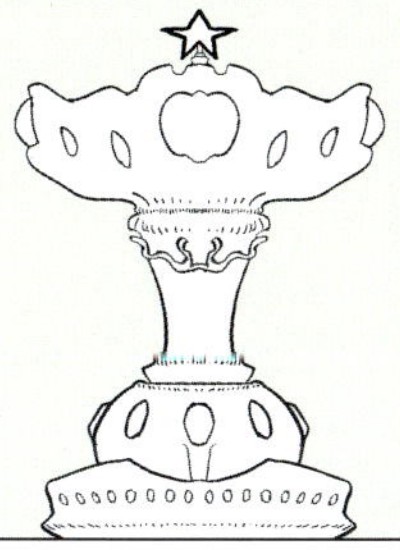

Wer kann dich dabei unterstützen?

Was brauchst du dafür? (Materialien etc.)

Was kannst du selbst dafür tun?

Wann willst du dein Ziel erreicht haben?

Was ist dein Ziel? Was willst du erreichen?

Ophelias Talent I

Stelle dir vor: Du kannst supergut Klavier spielen. Du weißt jedoch nichts davon. In deinem Leben taucht nie ein Klavier auf und deine Eltern könnten auch keinen Klavierunterricht bezahlen. Jetzt bist du 15 Jahre alt.

© SchlauFox e. V. / Gloria Boateng

1 Was denkst du: Wie gut kannst du am Anfang deines Lebens Klavier spielen? Male die Stufe der Leiter grün an. Die unterste Stufe steht für *gar nicht* und die oberste Stufe steht für *mega gut*.

2 Was denkst du: Wie gut kannst du mit 15 Jahren Klavier spielen, wenn du es nie geübt hast? Male die Stufe der Leiter orange an.

3 Was fällt dir auf? Besprich dich mit einem anderen Kind.

4 Lies den Text über Ophelia auf der nächsten Seite.

Ophelias Talent II

Ophelia

Und jetzt stelle dir vor ...

Die Natur schenkt Ophelia ein Talent, z. B. für's Klavierspielen.

Damit kommt sie auf die Welt. Allerdings weiß sie das noch nicht.

Mit drei Jahren besucht sie mit ihren Eltern eine andere Familie und sieht im Wohnzimmer ein Klavier stehen. Sie fängt an, darauf zu klimpern, und hat großen Spaß dabei. Bei den nächsten Besuchen steht Ophelia jedes Mal am Klavier und spielt darauf. Ihre Eltern sehen das und freuen sich darüber.

Als sie sechs Jahre alt ist, fragen ihre Eltern sie: „Ophelia, möchtest du gern öfters Klavier spielen?“ Sie strahlt und sagt „Ja, ja. Soo gern!“ Zwei Monate später hat sie ihre erste Klavierstunde. Mit sieben Jahren kriegt Ophelia ein Klavier zum Geburtstag geschenkt. Es steht in ihrem Zimmer. Sie hat weiterhin einmal die Woche Klavierunterricht. Zusätzlich übt sie aber dreimal die Woche zu Hause. Ophelia wird immer besser. Und je besser sie wird, desto mehr Spaß macht es ihr. Als ihre Oma 70 Jahre alt wird und eine große Party schmeißt, hat Ophelia ein großes Geschenk für sie: Sie spielt ihr erstes Konzert.

Da ist sie gerade zehn Jahre alt. Sie hat fünf Stücke ausgesucht und wochenlang ganz fleißig geübt. Nun ist der Zeitpunkt gekommen und Ophelia spielt diese Stücke für ihre Oma und die Gästinnen und Gäste. Sie macht zwar einige Fehler, aber das macht nichts, das merkt fast keiner, weil sie einfach weiterspielt.

Alle applaudieren ihr zum Schluss und sind begeistert. Ophelia ist so stolz auf sich, und ihre Eltern sind es auch. Sie strahlen über das ganze Gesicht und können gar nicht aufhören zu klatschen.

Jetzt ist Ophelia auf den Geschmack gekommen. Sie mag es, vor anderen Menschen zu spielen.

In den nächsten drei Jahren spielt sie immer wieder Klavierkonzerte vor bekannten Personen. Mit 14 Jahren spielt sie ihr erstes Konzert vor unbekannten Personen. Bei einem Klavierwettbewerb, in einer großen Konzerthalle. Sie erhält den dritten Platz.

Wow, das ist der Wahnsinn! Ophelia denkt: Nach dem Schulabschluss mache ich auf jeden Fall etwas mit Musik!

Ophelias Talent III

5 Schneide die Ereignisse aus und klebe sie auf die richtige Stelle auf den Zahlenstrahl.

6 Was fällt euch auf? Was hat Ophelia so weit gebracht?

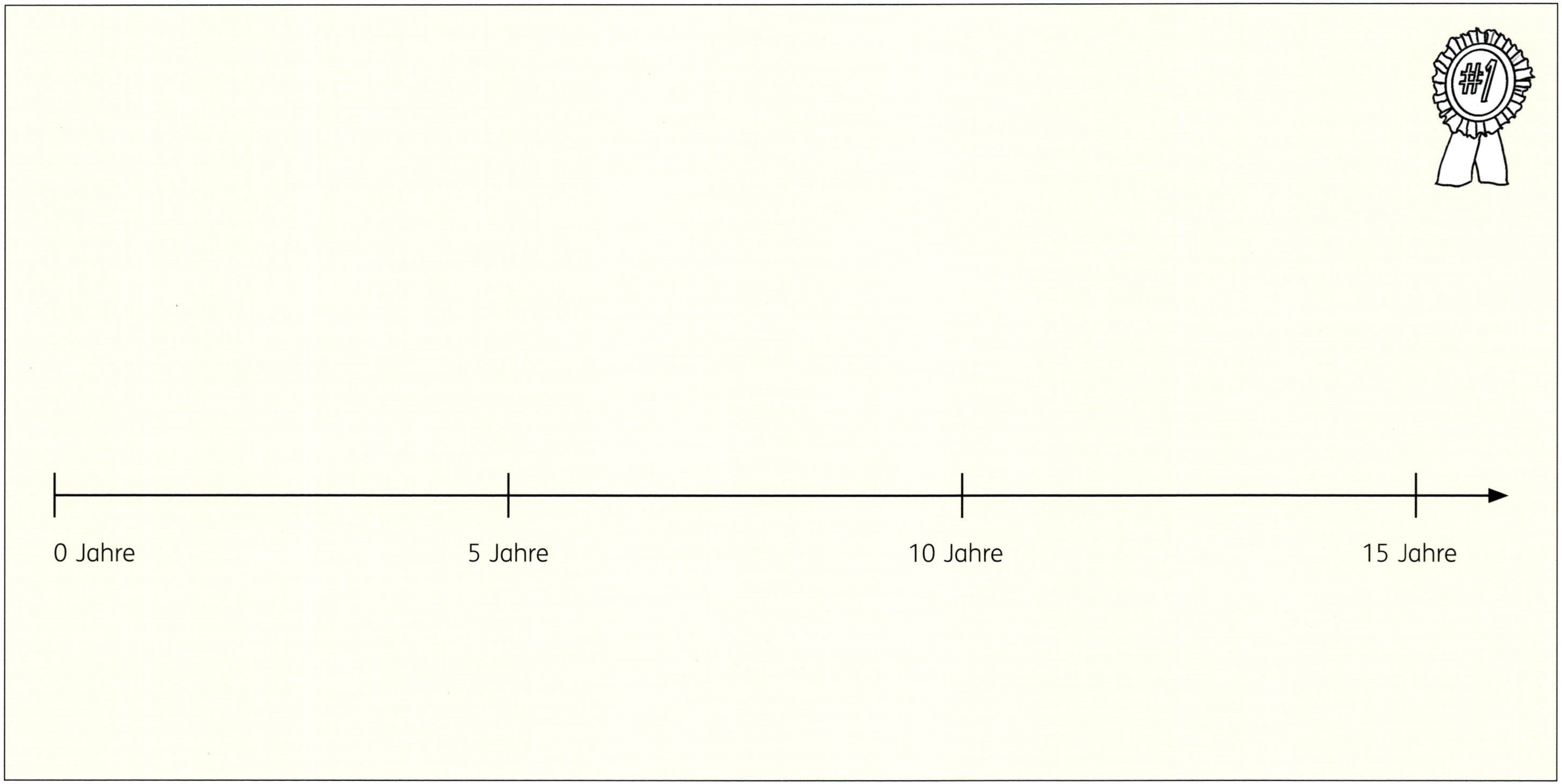

0 Jahre — 5 Jahre — 10 Jahre — 15 Jahre

das erste Mal Klavier-unterricht	Klimpern auf dem Klavier	ein Klavier zum Geburtstag	Klavier-wettbewerb	regelmäßiges Üben	Konzerte vor unbekannten Personen	Talent von Geburt an	Konzert für Oma

Wir alle haben Talente

Jeder Mensch hat Talente. Und die Talente sind ganz unterschiedlich. Wenn du die Inhalte einer Geschichte austauschst und die Struktur beibehältst, entsteht eine Parallelgeschichte.

© SchlauFox e. V. / Gloria Boateng

1 Schreibe eine Parallelgeschichte. Tausche hierfür die unterstrichenen Wörter durch andere Wörter aus. Schreibe die neuen Sätze daneben.

In der Geschichte

Ophelia

1. Die Natur schenkt Ophelia ein musikalisches Talent,
2. z. B. für's Klavierspielen.
3. Als sie sechs Jahre alt ist, fragen die Eltern sie, ob sie gern öfters Klavier spielen möchte.
4. Zwei Monate später hat sie ihre erste Klavierunterrichtsstunde.
5. Mit sieben Jahren kriegt Ophelia ein Klavier zum Geburtstag geschenkt. Es steht in ihrem Zimmer.
6. Als ihre Oma 70 Jahre alt wird und eine große Party schmeißt, hat Ophelia ein großes Geschenk für sie:
7. Sie spielt ihr erstes Konzert.
8. Da ist sie gerade zehn Jahre alt.
9. In den nächsten drei Jahren spielt sie immer wieder Klavierkonzerte.
10. Mit 14 Jahren nimmt sie an einem Klavierwettbewerb in einer großen Konzerthalle teil.
11. Sie erhält den dritten Platz.
12. Ophelia denkt sich: Nach der Schule mache ich auf jeden Fall etwas mit Musik!

In der Parallelgeschichte

___
___
___
___
___
___
___
___
___
___
___
___
___
___
___
___
___
___

Wir sind Leckerschmeckerinnen und Leckerschmecker

Vielfalt gibt es nicht nur unter uns Menschen und in der Art, wie wir zusammenleben, oder bei unseren Talenten. Vielfalt gibt es überall um uns herum und bei dem, was wir essen.

© SchlauFox e. V. / Gloria Boateng

1 Was ist deine Lieblingsspeise oder dein liebstes Lebensmittel? Schreibe oder zeichne sie in den Kasten.

2 Warum isst du das am liebsten? Was ist besonders daran? (Geruch, Aussehen, Geschmack ...)

____

____

3 Aus welchem Land kommt dieses Lebensmittel / diese Speise ursprünglich?

____

4 Wo kannst du das Lebensmittel bzw. die Zutaten kaufen? Kreuze an.

- ☐ im Supermarkt
- ☐ im Asia-Markt
- ☐ im türkischen Geschäft
- ☐ im Afro-Shop
- ☐ im arabischen Geschäft
- ☐ ________________

5 Wer aus deiner Familie macht den Einkauf, wenn er benötigt wird? Kreuze an.

- ☐ Mutter
- ☐ Oma / Opa
- ☐ Ich
- ☐ Vater
- ☐ Schwester / Bruder
- ☐ ________________

Lecker schmecken – Vielfalt entdecken

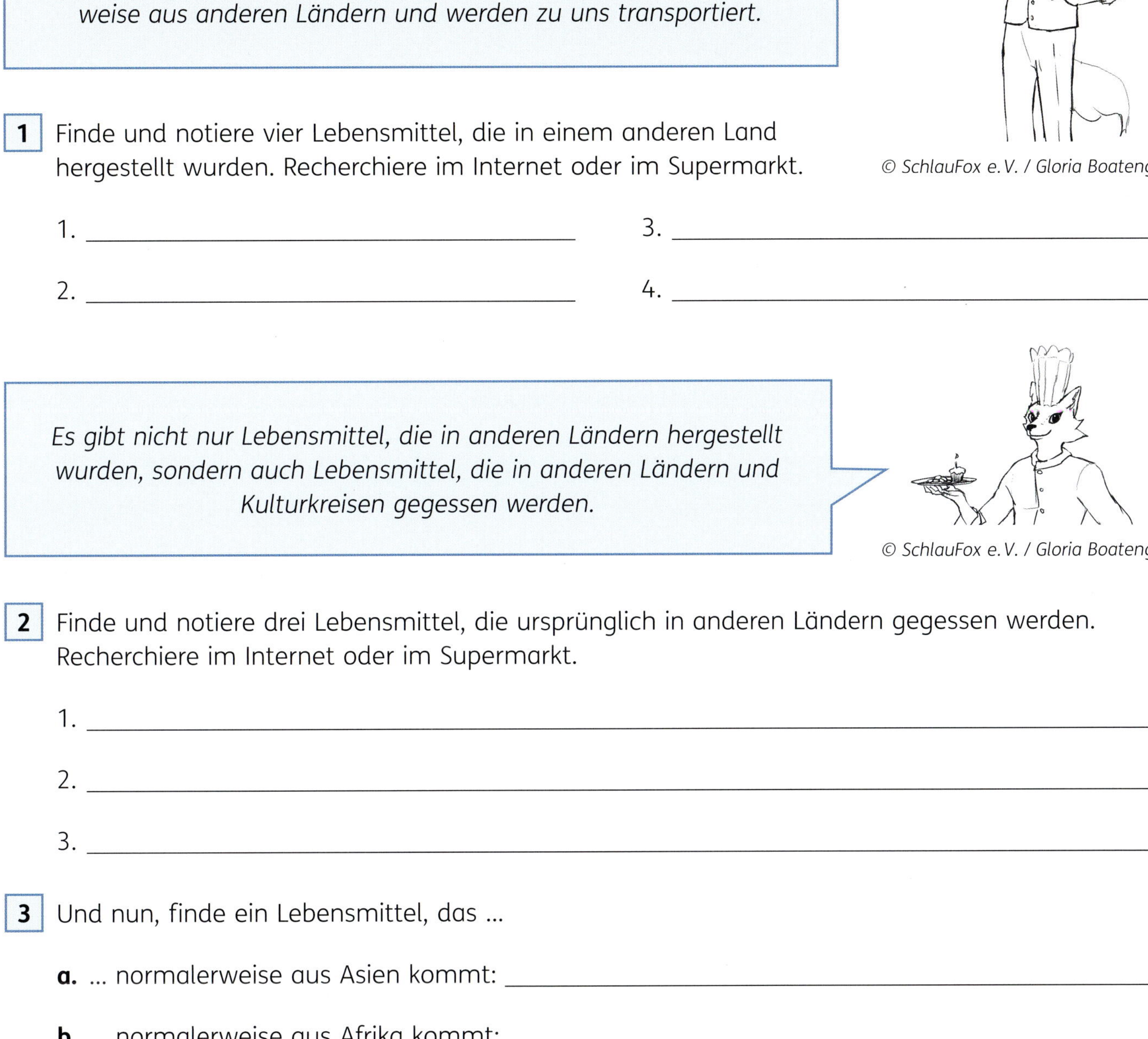

Im Supermarkt gibt es viele Lebensmittel, die ursprünglich aus Deutschland kommen und hier produziert werden. Aber es gibt auch Lebensmittel, die weit gereist sind. Sie kommen normalerweise aus anderen Ländern und werden zu uns transportiert.

© SchlauFox e. V. / Gloria Boateng

1 Finde und notiere vier Lebensmittel, die in einem anderen Land hergestellt wurden. Recherchiere im Internet oder im Supermarkt.

1. ______________________ 3. ______________________

2. ______________________ 4. ______________________

Es gibt nicht nur Lebensmittel, die in anderen Ländern hergestellt wurden, sondern auch Lebensmittel, die in anderen Ländern und Kulturkreisen gegessen werden.

© SchlauFox e. V. / Gloria Boateng

2 Finde und notiere drei Lebensmittel, die ursprünglich in anderen Ländern gegessen werden. Recherchiere im Internet oder im Supermarkt.

1. ______________________

2. ______________________

3. ______________________

3 Und nun, finde ein Lebensmittel, das ...

a. ... normalerweise aus Asien kommt: ______________________

b. ... normalerweise aus Afrika kommt: ______________________

c. ... vor allem in Südamerika gegessen wird: ______________________

d. ... in der türkischen Kultur gegessen wird: ______________________

e. ... aus Griechenland kommt: ______________________

f. ... vegetarisch ist: ______________________

g. ... vegan ist (komplett pflanzlich, ohne tierische Produkte): ______________________

Vielfalt erforschen

1 Lies den Text in dem Kasten.

Lasst uns ein Projekt über Lebensmittel machen! Dafür kannst du dir allein oder mit einem anderen Kind eine Erforschungsfrage ausdenken. Hier habe ich ein paar Beispiele:

Welche Nährstoffe stecken in ____________________?
(z. B. Papayas, Litschis ...)

Welche Länder produzieren ____________________?
(z. B. Yamswurzel, Mais, Granatapfel ...)?

Welche ____________________ werden im Ausland angebaut?
(z. B. Apfelsorten ...)

Wie kommen die ____________________ aus ____________________ nach Deutschland? (z. B. Wie kommen die Bananen aus Ecuador nach Deutschland?)

Was ist ____________________? (z. B. Quinoa, Hirse, Chiasamen ...?)

Welche Speisen kannst du aus ____________________ herstellen?
(z. B. Plantain [Kochbananen], Tofu ...)

Welche fünf besonderen ____________________ gibt es im Supermarkt?
(z. B. Reissorten ...)

Wofür ist ____________________ gut? (z. B. Ingwer, Kurkuma, Koriander ...)

Was sind Unterschiede und Gemeinsamkeiten von ____________________? (z. B. Kefir und Joghurt)

© SchlauFox e. V. / Gloria Boateng

2 Formuliere eine Erforschungsfrage.

____

3 Gestalte ein Plakat und präsentiere es.

a. Schreibe deine Erforschungsfrage als Überschrift auf das Plakat.
b. Stelle dein Lebensmittel auf dem Plakat vor.
c. Beantworte deine Erforschungsfrage.
d. Klebe oder male Bilder auf dein Plakat.

<u>Tipp:</u> Wenn es möglich ist, bringe das Lebensmittel für deine Präsentation mit in die Schule. Toll wäre auch etwas zum Probieren für die anderen Kinder.

Das ist Familie für mich

1 Was bedeutet Familie für dich? Notiere in jede Wolke einen Aspekt.

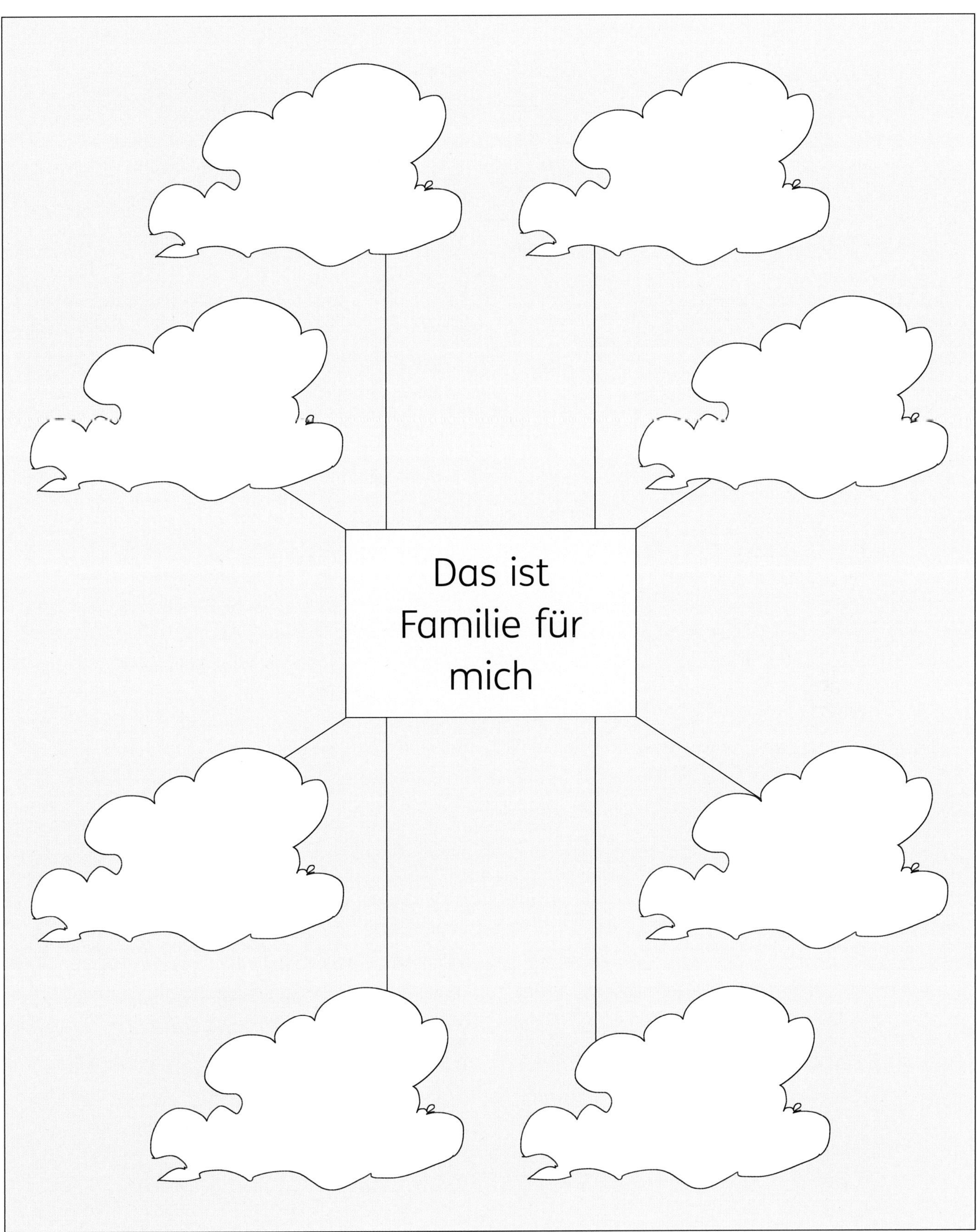

Familienformen I

1 Lies die Texte und schneide sie aus.

Dieser Begriff beschreibt eine Familie, in die wir hineingeboren wurden. Wir sind also blutsverwandt.

Die Eltern in dieser Familie haben das gleiche Geschlecht: Entweder zwei Männer oder zwei Frauen. Das Kind oder die Kinder haben also zwei Mütter oder zwei Väter.

In dieser Familie lebt ein Elternteil mit einem Kind oder mehreren Kindern.

In dieser Familie lebt mindestens ein Kind, das nicht in die Familie geboren wurde. Es wurde in die Familie aufgenommen und wird von ihr gepflegt.

Diese Familie besteht aus einem oder aus zwei Elternteilen und mindestens einem Kind, das adoptiert wurde. Das Kind wurde zwar nicht in die Familie geboren, aber ist jetzt wie ein eigenes Kind der Familie.

Diese Familie besteht aus wenigen Personen und aus nur zwei Generationen: Eltern und Kindern.

Bei dieser Familienform geht ein Elternteil eine Beziehung mit einem neuen Partner / einer neuen Partnerin ein. Es lebt somit mindestens ein leibliches Kind mit seinem Elternteil und einer weiteren Person zusammen. Manchmal bringen auch beide Erwachsenen Kinder mit in die neue Beziehung.

In eine Familie kannst du hineingeboren werden. Du kannst dir die Familie aber auch aussuchen. Zum Beispiel kannst du mit Personen aus dem Freundeskreis oder der Nachbarschaft eine Familie bilden. Du hast diese Familie dann gewählt.

In dieser Familie leben viele Personen aus mindestens drei Generationen unter einem Dach: Großeltern, Eltern und Kinder.

Familienformen II

2 Ordne die Texte den Bezeichnungen für Familien zu.

Tipp: Klebe erst auf, wenn du dir ganz sicher bist.

Bezeichnung der Familienform	**Erklärung**
Großfamilie	
Regenbogenfamilie	
Herkunftsfamilie	
Pflegefamilie	
Wahlfamilie	
Kleinfamilie	

Lies auf der nächsten Seite weiter!

Familienformen III

Bezeichnung der Familienform	**Erklärung**
Adoptivfamilie	
Einelternfamilie/ Alleinerziehende	
Patchworkfamilie	

3 In welcher Familienform lebst du?

Tipp: Manchmal passen auch mehrere Begriffe zu einer Familie.

4 Erkläre, warum dieser Begriff / diese Begriffe für deine Familie am besten passt / passen.

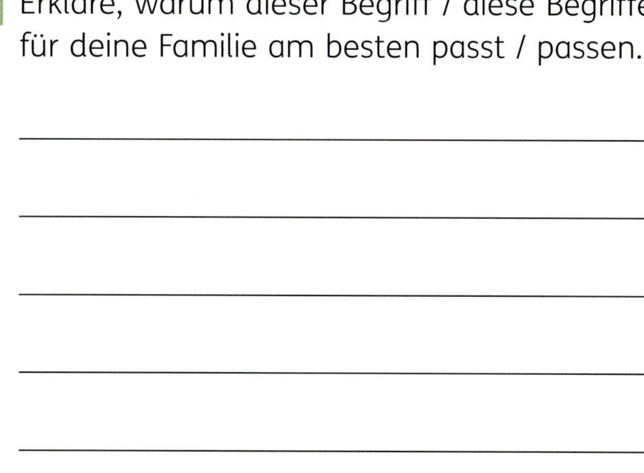

© SchlauFox e. V. / Gloria Boateng

Lesespurgeschichte: Aufregende Familien I

© SchlauFox e. V. / Gloria Boateng

Hey, ich bin SchlauFox. Den Familienausflug beginnen wir ..., ja wo wohl? Bei meiner Familie natürlich. Kannst du unseren Fox-Bau sehen? Dort leben wir.

Beginne bei 1 zu lesen. Schreibe die weiteren Nummern deiner Lesespur am Ende der Geschichte auf.

(1) Wir sind sechs Fox-Kinder: FleißFox, CrazyFox, HoneyFox, SuperFox, FunnyFox und ich, SchlauFox. Wir leben zusammen mit unseren Fox-Eltern und Fox-Großeltern in einem Fox-Rudel. Ein Rudel ist so was wie eine Familie. Aber auf unseren Familienausflug gehen nur HoneyFox, ich und du. Wir gehen die lange Fox-Straße runter. Dann biegen wir links ab. Direkt hinter den zwei parkenden Autos wohnt eine Patchworkfamilie.

(2) Es ist schönes Wetter und viele Familien sitzen hier auf der Wiese. Einige Kinder spielen Fußball, eine Gruppe von Männern und Frauen trommelt. Ich glaube, was sie da spielen, heißt *Samba*. Eine Gruppe von Jugendlichen grillt auch. Schau mal, da drüben picknickt eine Pflegefamilie.

Familienform: **Kleinfamilie**

(3) Hallo, Leute, ich bin Sina, zehn Jahre alt. Ich lebe mit meiner Familie in einem Erstaufnahmelager. Vor zwei Jahren sind wir nach Deutschland geflohen, weil in unserem Land Krieg herrscht. Meine Familie und ich waren da nicht mehr sicher. Jeden Tag haben wir gesehen, wie Menschen getötet wurden. Das war so schrecklich, wir hatten große Angst um unser Leben. Deshalb haben wir das Land verlassen und leben nun hier in einem Erstaufnahmelager. Das ist so ein Ort mit vielen Wohncontainern. Menschen, die aus anderen Ländern hierher fliehen, werden dort erst mal un-

Lies auf der nächsten Seite weiter!

Lesespurgeschichte: Aufregende Familien II

tergebracht. Irgendwann können sie dann dort ausziehen und in einer eigenen Wohnung wohnen. Wir suchen gerade eine Wohnung, aber es ist ganz schön schwierig, eine zu finden, die groß genug ist und nicht zu teuer. Ich habe einen Bruder. Er heißt Khaled und ist 15 Jahre alt. Zusammen leben wir mit unseren beiden Eltern in einem Zimmer. Zu viert in einem Zimmer. Kannst du dir das vorstellen? Das ist ganz schön eng. Aber ich bin meistens einfach nur froh, dass wir als Familie zusammen sind. Im Krieg haben nämlich viele Kinder auch ihre Familien verloren.

HoneyFox schaut sehr traurig. Krieg, das kennen wir nur aus den Nachrichten. Zum Glück hat Sinas Familie es bis hierhin geschafft! Ich schaue mich um und laufe auf und ab. Da fällt mir ein gelbes Haus auf. Ich glaube, hier wohnt eine Großfamilie.

Familienform: **Patchworkfamilie**

(4) Hola, ich bin Fernanda. Ich bin sieben Jahre alt. Meine Mutter und ich haben vier Jahre lang allein gewohnt. Dann hat meine Mutter einen Mann aus Tunesien kennengelernt. Seit zwei Jahren sind sie verheiratet. Er hatte auch schon ein Kind. Seine Tochter Dunya ist zehn Jahre alt. Dunyas Mutter ist vor drei Jahren gestorben. Sie war schwer krank und wollte nicht mehr leben. Das war eine sehr harte Zeit für Vater und Tochter. Aber nun haben sie eine neue Familie gefunden. Letztes Jahr hat meine Familie sogar Nachwuchs bekommen. Nun haben Dunya und ich einen kleinen Bruder. Bessem heißt er. Manchmal nervt er ganz schön, der Kleine. Ständig schreit er. Außerdem stinkt er, wenn er in die Windeln gekackt hat. Aber er ist auch megasüß mit seinen dunklen Locken und den großen Kulleraugen. Dunya und ich sind megahappy, dass wir einen kleinen Bruder haben, mit dem wir spielen können.

Wir bedanken uns bei Fernanda. Auf einmal rennt HoneyFox los und vorbei an den drei großen Bäumen.

Lesespurgeschichte: Aufregende Familien III

(5) Gut, dass wir in unseren Taschen ein paar Euro für Fahrkarten finden. Wir nehmen den Linienbus Nummer fünf und fahren über die Foxallee. Der Bus fährt an einem Windmühlenpark vorbei und biegt links ab. An der Foxweiler Station steigen wir aus. Aber huch, wer steht denn da an der Bushaltestelle? Das ist eine Adoptivfamilie.

Familienform: **Pflegefamilie**

(6) Hallo, ich bin Kofi. Ich bin fünf Jahre alt. Bis vor zwei Jahren habe ich bei meiner biologischen Mutter gelebt. Das ist die Frau, die mich auf die Welt gebracht hat. Weil sie aber überfordert war und sich nicht gut um mich kümmern konnte, kam ich in ein Kinderschutzhaus. Das ist ein Haus, in dem kleine Kinder wohnen, die nicht bei ihren Eltern wohnen können. Ein Kinderschutzhaus ist aber kein Kinderheim. In einem Kinderheim bleiben die Kinder viele Jahre oder bis sie alt genug sind, um auszuziehen. In einem Kinderschutzhaus wohnen die Kinder nur kurz, bis eine neue Familie für einen gefunden wird. Ich habe jetzt eine neue Familie. Susan ist meine neue Mutter. Und ihr Kind Tony ist mein neuer Bruder. Tony und Susan sind meine Pflegefamilie, sie haben mich bei sich aufgenommen. Tony ist zwölf Jahre alt. Er ist geistig und körperlich eingeschränkt. Er kann nicht gut allein essen oder allein auf die Toilette. Er trägt immer Windeln und braucht viel Hilfe. Aber er ist echt schlau, er weiß immer, was er machen muss, um das zu kriegen, was er möchte. Tony hat Epilepsie. Manchmal hat er deshalb solche Anfälle. Am Anfang hat mir das ganz schön Angst gemacht. Ich dachte immer, er würde sterben. Aber jetzt weiß ich, dass die Anfälle vorbeigehen. Tony ist stark, er erholt sich immer von diesen schweren Anfällen. Dann können wir wieder zusammen spielen. Am liebsten springt Tony Trampolin, ich spiele gern mit Bausteinen. In meinem alten Zuhause hatte ich keine Bausteine. Bei Susan habe ich eine große Kiste voll.

Wir rennen zusammen mit Kofi um den See und rennen dann in Richtung Fox-Deich.

Lesespurgeschichte: Aufregende Familien IV

(7) Hier stehen aber viele Häuser. Ich schaue nach oben. Über uns fliegt ein großer Vogelschwarm. Sie bilden ein großes V. V wie Vogel. Das passt! Seit einiger Zeit befindet sich hier ein besonderes Wohnheim aus einigen Containern. Ich habe gehört, dass es *Erstaufnahmelager* genannt wird. Hier wohnen Menschen, die nach Deutschland geflüchtet sind. Eine Kleinfamilie wohnt hier auch. Da stehen sie auch zu zweit.

(8) „Fang mich doch, fang mich doch!", schreit HoneyFox mir zu. HoneyFox ist nicht gerade die Schnellste. Ich renne zweimal um den See, bis ich HoneyFox eingeholt habe. „Ha, da habe ich dich", sage ich und halte sie fest. Wir schauen uns um und stehen mitten auf einer großen Wiese.

Familienform: **Regenbogenfamilie**

(9) Huhuu, ich bin die neunjährige Maila. Meine Mutter und mein Vater haben sich im Studium kennengelernt. Aber seit einiger Zeit sind meine Eltern getrennt. Anfangs war ich sehr glücklich darüber, denn sie haben sich ständig nur gestritten. Da sind echt die Fetzen geflogen, sag ich dir. Das hat mich sehr belastet. Nach dem Auszug meines Vaters mussten Mama und ich aus dem großen Haus in eine kleinere Wohnung ziehen. Das war erst mal komisch. Im Haus hatten wir viel Platz gehabt und einen Garten. Aber die Wohnung ist sehr schön. Ich konnte aussuchen, in welchen Farben mein Zimmer gestrichen wird. Ich habe selbst die Wände mitgestrichen. Das hat viel Spaß gemacht. Meine Mutter hat einen neuen Partner. Eine neue Partnerin eher gesagt. Denn sie ist jetzt mit einer Frau zusammen. Cynthia. Mama sagt, sie musste sich von Papa trennen, weil sie gemerkt hat, dass sie lieber mit einer Frau zusammen sein will. Sie wirkt auch wirklich viel glücklicher. Cynthia lebt seit sechs Monaten bei uns. Jetzt habe ich zwei Mütter. Mit Cynthia verstehe ich mich meistens ganz gut, aber manchmal vermisse ich doch meinen Papa sehr. Immerhin verbringe ich jedes zweite Wochenende und jeden Mittwoch mit ihm.

Lies auf der nächsten Seite weiter!

Lesespurgeschichte: Aufregende Familien V

Ihr bedankt euch und macht euch auf den Heimweg.

Zeige HoneyFox und SchlauFox den kürzesten Weg in den Fox-Bau. Zeichne den Weg mit einem grünen Stift in die Lesespurlandkarte ein.

Familienform: **Großfamilie**

(10) Hallo, Leute, ich bin Thai Binh. Ich bin elf Jahre alt und gehe in die fünfte Klasse. Ich lebe mit meiner großen Familie zusammen in einem Haus. Unten wohnen meine Großmutter, mein Großvater und mein Großonkel. Sie sind schon über 70 Jahre alt. Mein Großvater ist leider herzkrank. Er hatte viele Operationen und trägt ein Gerät, das *Herzschritt macher* genannt wird. Meine Oma hat eine Krankheit: Demenz. Sie vergisst ständig Sachen und fragt immer das Gleiche, immer und immer wieder. Das ist manchmal ganz schön lustig. Aber es kann auch anstrengend für mich werden, weil ich dann immer das Gleiche erzählen muss. Meine Eltern, meine Schwester Lan und ich wohnen oben im Haus. Vor einigen Jahren haben meine Eltern den Dachboden ausgebaut. Dort haben sie jetzt ein großes Schlafzimmer. Mein Vater arbeitet immer nachts. Wenn er morgens nach Hause kommt und schlafen geht, verlassen meine Mutter, meine Schwester und ich das Haus, um zur Schule und zur Arbeit zu gehen. Wir sehen meinen Vater nur am Nachmittag oder am Abend kurz. Das ist sehr schade, es wäre schön, mehr Zeit zusammen zu verbringen. Aber Papa sagt, dass wir durch die Nachtschicht mehr Geld haben.

Es muss sehr anstrengend sein, nachts zu arbeiten, denke ich. Wir gehen wieder zurück, an den zwei Bäumen vorbei und sehen einen Bus. Wir sind müde vom vielen Gehen und Laufen. „Komm, wir nehmen den Bus für zwei Stationen“, schlägt HoneyFox vor. Ich stimme sofort zu.

Lesespurgeschichte: Aufregende Familien VI

Familienform: **Adoptivfamilie**

(11) Hi, ich bin Jim. Ich bin sieben Jahre alt. Als ich fünf Jahre alt war, habe ich meine beiden Eltern verloren. Sie hatten einen Autounfall und sind verstorben. Die Monate und Jahre danach waren wirklich sehr schwer. Meine Großeltern leben in den USA. Ich konnte nicht zu ihnen ziehen, weil sie schon sehr alt sind. Außerdem sind die USA sehr weit weg und ich hätte meine Schule verlassen müssen. Unsere Nachbarn, Familie Afewerki, haben mich dann bei sich aufgenommen. Erst mal einfach nur so und ein Jahr später haben sie mich gefragt, ob ich einverstanden bin, wenn sie mich adoptieren. Das heißt, dass ich dann auch rechtlich, also auf dem Papier, ihr Kind bin. Sie waren sehr gut mit meinen Eltern befreundet, ich kenne sie seit meiner Geburt und mag sie sehr. Also habe ich sofort *Ja* zur Adoption gesagt. Ich musste zwar umziehen, aber nur drei Häuser weiter. Und die Schule musste ich deshalb auch nicht wechseln. Wie heißt es so schön? Ich hatte Glück im Unglück.

Der ist aber tapfer, denkt sich HoneyFox und schlägt vor, auf den Spielplatz zu gehen. Dort beginnen die beiden zu schaukeln.

(12) Wir schaukeln und rutschen ein paar Male die Rutsche runter. „Hey, SchlauFox, was ist denn das?“, fragt HoneyFox und zeigt auf ein Gerät, das neu zu sein scheint. „Das ist ein Rondell. Da können wir uns raufsetzen, Anschwung nehmen und dann dreht sich das.“ Wir probieren es ein paar Mal aus. Es macht superviel Spaß. Irgendwann haben wir genug gespielt „Du, SchlauFox, ist das nicht die Regenbogenfamilie?“, ruft HoneyFox plötzlich. Ich folge ihrer ausgestreckten Pfote, die zur anderen Seite des Spielplatzes zeigt. „Ja, tatsächlich!“, antworte ich. Da sind sie alle.

Meine Lesespur:

1			2			3		5			9

Meine Lesespur – Lösung: 1, 4, 8, 2, 6, 7, 3, 10, 5, 11, 12, 9

Lesespurgeschichte – Lesespurkarte

Aufregende Familien – Gruppenarbeit I

1 Entscheidet euch in der Gruppe für eines der Kinder.
Notiere den Namen des Kindes.

____

2 Lest euch zusammen noch mal den Text durch und beantwortet die Fragen.

a. Wie heißt die Familienform der Familie?

____

b. Aus wie vielen Familienmitgliedern besteht die Familie und wer sind sie?

____

____

c. Wo und wie lebt die Familie?

____

d. Welche Schwierigkeiten muss oder musste die Familie überwinden?

____

____

e. Wofür ist die Familie dankbar?

____

____

f. Was meint ihr, was wünscht sich die Familie?

____

____

g. Was möchtet ihr der Familie sagen?

____

____

Aufregende Familien – Gruppenarbeit II: Standbild I

Stellt euch vor, dass sich alle Angehörigen einer Familie an einem Sonntag zum Frühstück treffen. Jede Person ist dabei in ihren eigenen Gedanken versunken.

© SchlauFox e. V. / Gloria Boateng

1 Was denken sie? Schreibt die Angehörigen der Familie auf. Notiert in der Gedankenblase, was die Person denken könnte. Notiert jeweils einen Satz.

Person 1 (z. B. Mutter): ______________________

Person 2: ______________________

Person 3: ______________________

Person 4: ______________________

Person 5: ______________________

Person 6: ______________________

Person 7: ______________________

Person 8: ______________________

Aufregende Familien – Gruppenarbeit III: Standbild II

Ihr seid nun die Angehörigen der Familie. Nach dem Frühstück steht ihr auf und baut ein Standbild. Das ist wie ein Bild, das sich nicht bewegt. Dabei helfen euch die Fragen unten. Jede Person von euch ist ein Mitglied der Familie. Und dann braucht ihr noch eine zusätzliche Person. Sie ist die einzige Person, die sich nachher bewegen darf. Sie ist der Standbildbauer oder die Standbildbauerin. Sie hilft euch also beim Bauen des Standbildes und ist wie der Regisseur oder die Regisseurin bei einem Film.

© SchlauFox e. V. / Gloria Boateng

1 Sprecht über diese Fragen und beratet euch.

Wie sehen die Gesichter der Personen aus (= Mimik)?	Wo stehen die Personen (nebeneinander, weit voneinander entfernt)?
Wie ist die Hand- und Armbewegung der Personen (Gestik)?	Wie stehen die Personen zueinander (mit dem Gesicht oder dem Rücken zueinander)?
Wie ist die Körperhaltung der Personen (Beine, Rücken, Schultern)?	Was denken die Personen? Hinweis: Ihr habt bereits die Gedanken aufgeschrieben.

2 Stellt euch nun zum Standbild auf. Der Standbildbauer oder die Standbildbauerin hilft euch dabei.

3 Zum Schluss legt die Bildbauerin oder der Bildbauer eine Hand auf die Schulter von jeder Person. Sie sagen dann kurz laut, was sie denken.

Deine Familie und so I

Ich möchte etwas über deine Familie erfahren!

© SchlauFox e. V. / Gloria Boateng

1 Schreibe einen eigenen Text über deine Familie. Du kannst ihn ganz frei schreiben, nach deiner eigenen Vorstellung. Aber wenn es dir hilft, kannst du dir auch die Leitfragen auf der nächsten Seite anschauen.

Deine Familie und so II – Leitfragen

Diese Fragen können dir dabei helfen, deinen Text zu schreiben.

© SchlauFox e. V. / Gloria Boateng

Meine Wahlfamilie I

Familie sind nicht nur Menschen, mit denen wir verwandt sind. Familie können auch Personen sein, die uns nahestehen, die wir mögen, mit denen wir gern zusammen sind. Wenn wir solche Personen als Familienmitglieder unseres Herzens aufnehmen, dann ist es eine WAHLFAMILIE. Weil wir die Personen selbst in die Familie gewählt haben.

© SchlauFox e. V. / Gloria Boateng

1 Stelle dir eine Wahlfamilie zusammen. Wer wird zu deiner Wahlfamilie gehören?

a. Male die Personen oder klebe Fotos von ihnen auf.

b. Warum sollen ausgerechnet diese Personen zu deiner Wahlfamilie gehören? Was magst du an ihnen? Warum sind sie besonders? Schreibe zu jeder Person zwei Gründe auf.

Meine Wahlfamilie II

2 Wähle eine Person aus deiner Wahlfamilie aus und schreibe ihr einen Brief:

- Schreibe am Anfang, woher du die Person kennst und wie lange.
- Schreibe der Person auch, warum du sie/ihn besonders magst.
- Und zum Schluss schreibe eine Sache, die du gern noch mit der Person erleben möchtest.
- Bedanke dich bei der Person, dass sie zu deinem Leben gehört und dein Leben dadurch schöner macht.

Schenke dieser Person deinen Brief.

Hallo,

Suchsel – Begriffe zu Familie und Vielfalt

Früher habe ich gern Kreuzworträtsel gelöst. Jetzt habe ich eine neue Lieblingsrätselart, nämlich Suchsel. Ein Suchsel ist ein Rätsel, in dem inmitten von vielen Buchstaben ganze Wörter versteckt sind.

© SchlauFox e.V. / Gloria Boateng

1 Finde die folgenden Wörter und markiere sie blau: Respekt, Migration, Hautton, Afrika, Norden, Veraenderung, Familie, Adoption, Pflegekind, Kinder, Regenbogenfamilie, Sueden, Asien, Liebe.

Tipp: Ein Wort liest sich von unten nach oben.

B	A	Z	C	D	Q	R	M	L	P	R	Z	X	A	Y	G	H
P	F	L	E	G	E	K	I	N	D	Y	Q	M	W	V	C	A
U	R	S	T	D	V	O	R	M	F	A	M	I	L	I	E	U
H	I	K	M	W	K	X	W	U	D	L	P	G	B	N	T	Z
C	K	I	N	D	E	R	Q	P	L	N	O	R	D	E	N	D
E	A	F	Z	K	V	J	O	V	R	J	Y	A	M	E	I	S
D	G	L	A	T	H	R	E	S	P	E	K	T	X	A	O	U
N	S	I	V	G	A	R	S	W	I	H	C	I	N	P	F	E
E	I	E	B	T	U	D	N	X	M	O	E	O	A	M	Q	D
I	E	B	E	L	T	H	R	N	V	G	H	N	Q	B	W	E
S	Z	E	E	D	T	E	C	V	B	N	G	M	E	T	J	N
A	P	T	A	D	O	P	T	I	O	N	X	C	O	R	K	I
X	E	D	M	H	N	S	X	P	U	K	B	V	K	I	P	T
R	E	G	E	N	B	O	G	E	N	F	A	M	I	L	I	E
R	V	E	R	A	E	N	D	E	R	U	N	G	Y	Z	A	G

Erstelle ein eigenes Suchsel.

So viele unterschiedliche Menschen

Ziel: Am Ende dieser Übung sollen die folgenden Erkenntnisse gewonnen werden:

- Menschen sind verschieden. Das ist normal und auch gut.
- Menschen sind aber auch gleich. Sie haben Gemeinsamkeiten.
- Einige Menschen sprechen uns mehr an als andere.

Vorgehen

1. Laminiere die 30 Karten der menschlichen Vielfalt und schneide diese auseinander.
2. Bilde mit deiner Klasse einen großen Stuhlkreis und lege die Karten in die Mitte.
3. Die Schülerinnen und Schüler machen einen Spaziergang um die Karten und schauen sich diese an. Am Ende darf sich jedes Kind eine Karte aussuchen. Diese soll zunächst noch an derselben Stelle auf dem Boden liegen bleiben.
4. Die Schulkinder setzen sich auf ihre Stühle und warten auf dein Signal – eine Glocke, Klangschale, ein Klatschen. Sobald dieses ertönt, stelle die folgenden Fragen: *Welche Karte möchtest du nehmen? Warum möchtest du diese Karte nehmen?* Jedes Kind denkt im Stillen darüber nach.
5. Die Kinder machen den Spaziergang erneut. Es läuft Musik im Hintergrund. Die Kinder schauen sich die Karten nochmals an. Hinweis: Weise die Kinder an dieser Stelle darauf hin, dass sie sich auch für eine andere Karte entscheiden dürfen, vor allem wenn ihre Karte im Folgenden von einem anderen Kind genommen wird. Wenn die Musik ausgeht, darf sich jedes Kind die bevorzugte Karte nehmen.
6. Die Kinder setzen sich dann auf ihren Stuhl und halten die Karte verdeckt auf ihrem Schoß.
7. Rege ein Gespräch an. Folgende Fragen kannst du als Impulse nutzen (diese kannst du zuvor auch auf die Tafel, Smartboard oder Ähnliches schreiben):

- *Wie ist es dir auf deinem Spaziergang ergangen?*
- *Welche Karte hast du genommen?*
- *Warum hast du diese Karte genommen?*
- *Handelt es sich um die gleiche Karte, die du zuerst nehmen wolltest?*
- *Wie ist es dir ergangen, als ein anderes Kind deine Karte genommen hat?*
- *Beschreibe deine Person. Wie sieht sie aus? Was ist besonders an ihr?*

So viele unterschiedliche Menschen – Personenkarten I

So viele unterschiedliche Menschen – Personenkarten II

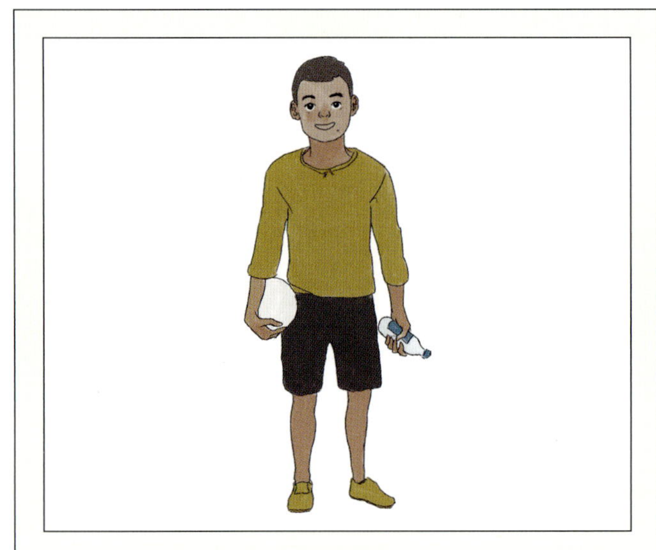

So viele unterschiedliche Menschen – Personenkarten III

So viele unterschiedliche Menschen – Personenkarten IV

So viele unterschiedliche Menschen – Personenkarten V

Wieso haben Menschen verschiedene Hauttöne? I

1 Lies dir das Gespräch zwischen SchlauFox und HoneyFox durch.

SchlauFox: Hey, HoneyFox! Wusstest du, dass der Mensch zur Gruppe der Menschenaffen gehört? Sie haben vor ungefähr 200.000 Jahren im südlichen Teil Afrikas gelebt. Das hat die Forschung über sie herausgefunden.

HoneyFox: Wirklich? Menschenaffen? Cool! Affen finde ich toll! Und was ist dann passiert?

SchlauFox: Vor etwa 50.000 Jahren begann der Mensch die anderen Kontinente zu besiedeln. Der Auslöser dafür ist heute noch unklar. Vielleicht fand der Mensch damals keine Nahrung mehr und verließ seine Heimat, um woanders Nahrung zu finden. In den folgenden Tausenden Jahren hatte er sich auf der ganzen Erde ausgebreitet. Das wird Migration genannt. Der Mensch ist also gewandert, von einem Ort (Afrika) zu anderen Orten der Erde. Und weißt du, was auch sehr interessant ist? Die Haut des Menschen war am Anfang sehr dunkel. Das hat sich mit der Zeit verändert.

HoneyFox: Interessant! Und warum hat sich das verändert?

SchlauFox: Der Mensch musste sich an die Umwelt und das Klima anpassen. Das wird Adaptation genannt. In Afrika war es ja sehr heiß. Der Mensch brauchte eine dunkle Haut, die ihn vor der Sonne schützt. So bekam er keinen Sonnenbrand. Die Haut ist so dunkel, weil sie besonders viele Farbkörner hat, die Pigmente genannt werden. Je mehr Pigmente eine Haut hat, desto dunkler ist sie also. Je weniger Pigmente, desto heller. Die Pigmente werden Melanin genannt.

HoneyFox: Melanie? Hey, ich kenne eine Melanie.

SchlauFox: Nein, doch nicht Melanie. Das heißt ME-LA-NIN.

HoneyFox: Ach so, Melanin. Das habe ich ja noch nie gehört!

SchlauFox: Ja! Melanin befindet sich auch in den Haaren. Die Natur wusste genau, was sie tat und wie sie den Menschen am besten schützen konnte. Aber als der Mensch weiter in andere Erdteile wanderte, merkte der Körper, dass es gar nicht mehr so heiß dort war. Es war kühler, die Sonne schien weniger und war nicht so stark. Die dunkle Haut war jetzt unpraktisch. Sie konnte z.B. nicht so gut Vitamin D speichern. Hellere Haut kann – das wissen wir heute – Vitamin D besser speichern. Der Homo sapiens musste sich jetzt der anderen Umwelt und dem Klima anpassen. Die Haut wurde deshalb bei den nächsten Generationen immer heller.

HoneyFox: Das ist ja genial! Ich kann mir meinen Hautton also aussuchen? Wenn ich dunkler sein möchte, reise ich also einfach nach Afrika?!

SchlauFox: Ach, HoneyFox! Ich liebe deine Fragen. So ist das nicht. Der Hautton steht schon vor der Geburt fest. Sie hängt von den Genen ab. Als Mensch mit hellem Hautton würdest du in Afrika dunkler sein als in Deutschland, aber niemals so dunkel wie ein Mensch mit dunklem Hautton und andersherum. Ich wollte dir erklären, wie es überhaupt dazu kam, dass die unterschiedlichen Hauttöne entstanden sind.

HoneyFox: Danke, SchlauFox! Was du immer so alles weißt.

Wieso haben Menschen verschiedene Hauttöne? II

Wenn ich Texte lese, gibt es immer Wörter, die mir besonders gut gefallen, und Wörter, die mir nicht so gut gefallen. Geht es dir auch so?

2 Beantworte die Fragen.

a. Welches Wort bzw. welche Wörter aus dem Text gefallen dir? Schreibe ein bis drei Wörter auf.

____

b. Wo hat der Mensch vor ungefähr 200.000 Jahren gelebt?

____

____

c. Warum musste er seine Heimat verlassen?

____

____

d. Was bedeutet der Begriff Migration?

____

____

e. Warum ist die Haut mit der Zeit heller geworden?

____

____

f. Was bedeutet Melanin?

____

____

g. Wer ist Melanie?

____

Gründe für Migration

Menschen verlassen aus vielen verschiedenen Gründen ihre Heimat. Meistens findet die Migration innerhalb eines Kontinents statt. Manchmal wandern Menschen aber sogar in Länder anderer Kontinente aus.

© SchlauFox e. V. / Gloria Boateng

1 Dieser Wörtersack wurde kräftig durchgeschüttelt und die Buchstaben sind durcheinandergeraten. Bringe sie in die richtige Reihenfolge. Schreibe die Wörter in die Tabelle.

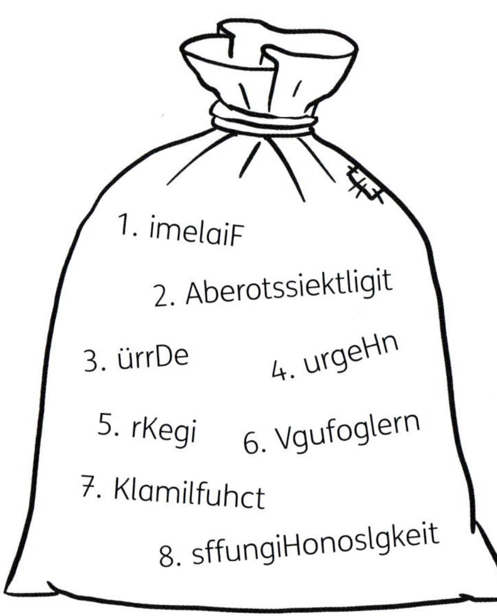

Korrigierte Wörter	
1.	2.
3.	4.
5.	6.
7.	8.

2 Fallen dir noch zwei weitere Gründe ein, warum Menschen ihre Heimat verlassen? Notiere.

Menschen in der Welt I

Die Welt hat sich unter anderem durch Migration (Wanderung) verändert. Menschen haben aus verschiedenen Gründen ihre Heimat verlassen. Menschen aus Europa leben heute in Afrika. Menschen aus Afrika leben in Asian. Menschen aus Asien leben in Europa. Menschen aus Nord-, Mittel- oder Südamerika leben ebenfalls auf anderen Kontinenten.

© SchlauFox e. V. / Gloria Boateng

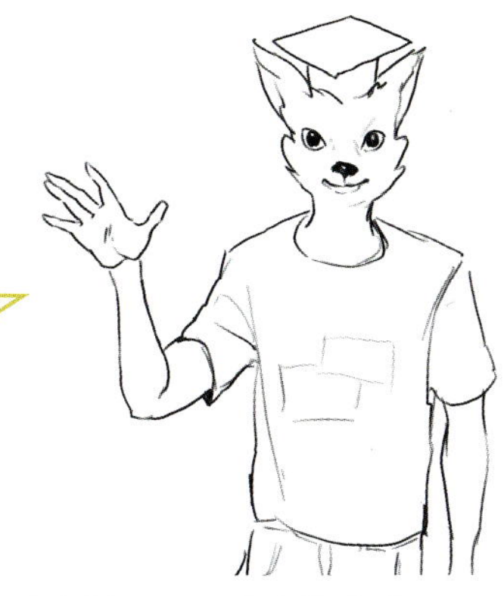

1 Unten findest du 14 Köpfe. Male sie in unterschiedlichen Hauttönen an. Von ganz dunkel bis ganz hell muss alles dabei sein. Es dürfen maximal nur drei den gleichen Hautfarbenton haben.

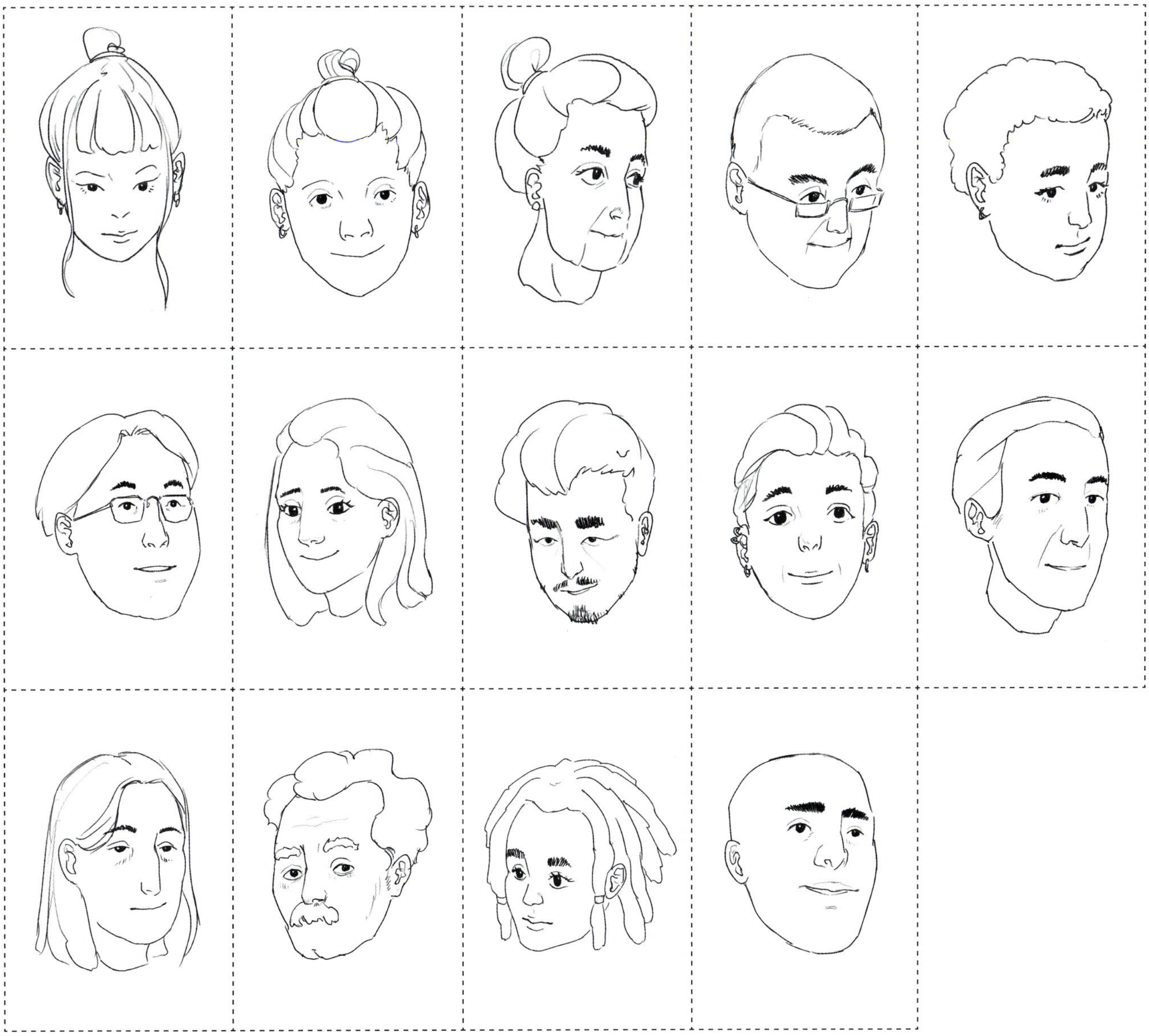

2 Schneide die Köpfe aus und klebe sie auf die nächste Seite in die Weltkarte. Klebe sie an einen Ort, an dem sie ursprünglich <u>nicht</u> gelebt haben.

Menschen in der Welt II

3 Und jetzt male dich auf einen anderen Kontinent, auf dem du gern leben würdest.

Heimat

1 Was bedeutet Heimat für dich? Notiere.

____

____

2 Male ein Bild, das für dich Heimat bedeutet.

3 Was müsste passieren, damit du und deine Familie eure Heimat verlasst? Notiere drei Gründe:

____

____

____

4 **a.** Stelle dir vor, du bist mit deiner Familie in ein anderes Land geflüchtet. Du warst damals vier Jahre alt. Ihr lebt nun seit zwölf Jahren im neuen Land. Nun bist du 16. Würdest du zurück in die alte Heimat gehen wollen?

☐ ja ☐ nein

b. Gib zwei Gründe für deine Entscheidung an.

1. ____
2. ____

Schätze mal ...

1 Lies dir die Fragen in der Tabelle unten durch.

a. Was denkst du: Welche dieser Fragen ergibt die niedrigste Zahl?

___

b. Was denkst du: Welche dieser Fragen ergibt die höchste Zahl?

___

2 Schätze die Zahlen zu den gestellten Fragen. Schreibe deine Vermutungen in die mittlere Spalte.

3 Recherchiere im Internet und finde die richtigen Zahlen heraus. Schreibe sie in die dritte Spalte.

Frage	Geschätzte Antwort	Recherchierte Antwort
1. Wie viele Schülerinnen und Schüler gehen auf deine Schule?		
2. Wie viele Lehrkräfte arbeiten an deiner Schule?		
3. Wie viele anerkannte Hunderassen gibt es weltweit?		
4. Wie viele Pferderassen gibt es?		
5. Wie groß ist der größte Mensch, der jemals gemessen wurde?		
6. Wie alt wurde der bisher älteste Mensch der Welt?		
7. Wie viele Menschen leben auf der Erde?		
8. Wie viele Kinder leben auf der Erde?		

4 Mit welcher Schätzung lagst du so richtig daneben?

___

5 Besprecht eure Ergebnisse.

Hunde: ca. 346 (laut FCI) / Pferde: ca. 200 / größter Mensch: 2,72 m (Robert Wadlow) / ältester Mensch: 119 Jahre (Kane Tanaka) /
Menschen: 7,89 Milliarden / Kinder: 2,3 Milliarden

Wir sind alle Menschen

© SchlauFox e. V. / Gloria Boateng

1 Lies dir das Gespräch zwischen HoneyFox und SchlauFox durch.

HoneyFox: SchlauFox, weißt du was? Ich liebe Geschichten! Etwas über die Vergangenheit zu erfahren, finde ich immer sehr spannend!

SchlauFox: Du meinst *Geschichte*. Wobei du gar nicht so unrecht hast! Wir müssen nämlich manchmal aufpassen, dass einem nicht Geschichten erzählt werden. In der Geschichte der Menschheit wurden viele falsche Informationen verbreitet. Eine davon ist, dass es verschiedene Menschenrassen gibt. Es wurde erzählt, dass es Rassen gibt, die besser oder schlauer sind als andere. Eltern haben das ihren Kindern erzählt. Leute aus der Politik haben es der Bevölkerung erzählt. Personen aus der Wissenschaft haben es in ihren Büchern und Artikeln geschrieben. Sie alle haben damit etwas sehr Schlimmes getan. Denn sie haben anderen Menschen etwas erzählt, das absolut falsch ist. Was sie gemacht haben, wird *Rassismus* genannt. Denn es gibt nicht mehrere Menschenrassen, die unterschiedlich sind. Es gibt nur eine Menschenrasse. Die Rasse Mensch. Der Mensch kann alles sein. Er kann schlau sein, faul, fleißig, er kann freundlich sein oder unfreundlich, wütend oder entspannt oder böse. Jeder Mensch kann all das sein. Egal, welche Religion er hat, woher er kommt, welchen Hautton er hat, wie alt er ist.

HoneyFox: Aber warum haben einige Menschen so etwas denn gesagt?

SchlauFox: Das weiß ich leider auch nicht. Manchmal fühlen Menschen sich besser, wenn sie andere schlechtreden. Wichtig ist nur, dass du dir merkst, dass das alles Quatsch ist!

HoneyFox: Ja! Quatsch mit Soße ist das! Danke, SchlauFox.

2 Welche falschen Informationen wurden in der Geschichte der Menschheit verbreitet?

____

____

____

3 Was ist Rassismus?

____

____

4 Markiere im Gespräch drei Sätze, die du am wichtigsten findest.

5 Welche Aussage im Gespräch findest du am wichtigsten? Schreibe sie <u>fehlerfrei</u> ab.

____

____

Meine Sprichwörter

Es gibt Sprichwörter, Redensarten, Bibelsprüche und andere Sprüche, die empfehlen, wie wir uns anderen Personen gegenüber verhalten sollen.

© SchlauFox e. V. / Gloria Boateng

1 Welche Sprüche und Redensarten fallen dir ein? Schreibe jeweils einen Spruch in jedes Herz.

Recherchiere im Internet nach weiteren Redewendungen. Notiere.

____

____

____

____

____

Gut miteinander leben – Sprichwörter I

Hey, Kids, hier haben wir SchlauFöxe ein paar Sprüche und Redensarten für euch gesammelt. Aber irgendwie sind die Sätze beim Sammeln durcheinandergeraten. Schau dir mal das Chaos an.

© SchlauFox e. V. / Gloria Boateng

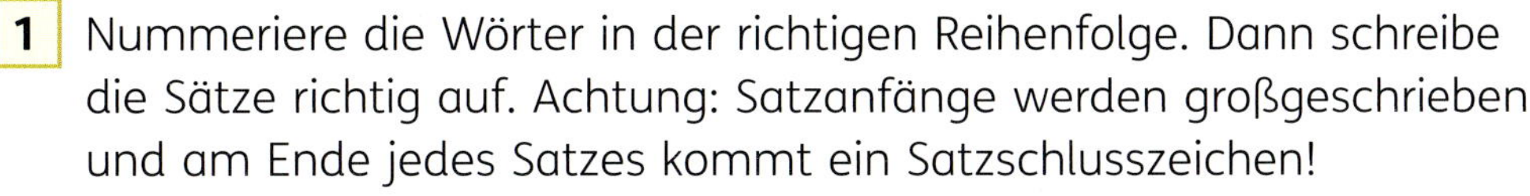

1 Nummeriere die Wörter in der richtigen Reihenfolge. Dann schreibe die Sätze richtig auf. Achtung: Satzanfänge werden großgeschrieben und am Ende jedes Satzes kommt ein Satzschlusszeichen!

a. | sein | Jedem | Pläsierchen | . | Tierchen |

____

____

b. | wie | schallt es | So | heraus | in den | man | Wald | hineinruft, | . | so |

____

____

c. | selbst | Nächsten | Liebe | wie | . | deinen | dich |

____

____

Und hier noch ein Satz für echte Chaos-Sätze-Profis. Kriegst du den auch noch hin?

© SchlauFox e. V. / Gloria Boateng

d. | das | dir | anderen | das | du | nicht | füg | tut, | . | Was | man | auch | zu | keinem | willst, |

____

____

Gut miteinander leben – Sprichwörter II

Hey, Kids, hier haben wir SchlauFöxe ein paar Sprüche und Redensarten für euch gesammelt. Doch was bedeuten sie? Verbinde, was zusammenpasst. Achtung! Das ist manchmal ganz schön knifflig und du musst die Bedeutungen vielleicht mehrmals lesen.

© SchlauFox e. V. / Gloria Boateng

1 Verbinde die Sprichwörter mit ihrer richtigen Bedeutung.

Sprichwort	Bedeutung
Was du nicht willst, das man dir tut, das füg auch keinem anderen zu.	Bevor du einer anderen Person ihre Fehler vorwirfst, denke daran, dass du selbst Fehler machst.
Wer anderen eine Grube gräbt, fällt selbst hinein.	Wenn wir uns gegenseitig helfen, haben beide Seiten etwas davon.
So wie man in den Wald hineinruft, so schallt es heraus.	Wenn du nicht willst, dass andere fies zu dir sind, dann solltest du auch nicht fies zu ihnen sein.
Liebe deinen Nächsten wie dich selbst. (aus der Bibel)	Jede Person hat ihre Besonderheiten und Vorlieben. Diese sollen akzeptiert werden.
Eine Hand wäscht die andere.	Wenn du jemandem etwas Schlimmes tust/wünschst, wird es sich auch gegen dich selbst richten.
Jedem Tierchen sein Pläsierchen!	Behandle andere Personen so, wie du dich selbst behandeln würdest.
Wer im Glashaus sitzt, soll nicht mit Steinen werfen.	So wie du eine Person behandelst, so wird sie auch reagieren.

Ein gutes Team I

Ziel: Meinungsbildung und Sensibilisierung für die menschliche Vielfalt.

Vorgehen:

1. Lasse die Kinder in Vierergruppen das Platzdeckchen auf der Folgeseite ausfüllen. Besprich die Ergebnisse oder mache direkt mit dem zweiten Schritt weiter.
2. Entweder sitzen die Schulkinder auf ihren Stühlen oder aber die Mitte des Klassenraumes wird freigemacht und eine (imaginäre) Schnur gelegt. Ein Ende steht für *ja*, das andere Ende für *nein* und die Mitte könnte *jein* symbolisieren. In der erstgenannten Variante stehen die Kinder für *ja* auf und bleiben für *nein* sitzen.
3. Lies Aussage für Aussage vor. Nachdem die Kinder sich positioniert haben, können ein paar Kinder ihre Entscheidung begründen.

Aussagen:

- *Eine Sportmannschaft ist so ähnlich wie eine Klasse.*
- *Wenn mich jemand freundlich grüßt, ist mir das egal.*
- *Eine Gesellschaft ist so ähnlich wie eine Mannschaft, z. B. wie eine Fußballmannschaft.*
- *Vielfalt ist gut in einer Gesellschaft.*
- *Alle Menschen sollten die gleiche Religion haben.*
- *Wenn Menschen in einer Gesellschaft oder einer Mannschaft verschiedene Sachen können, dann ist es am Ende gut für alle.*
- *Es ist besser, wenn alle Personen das Gleiche können, z. B. wenn alle beim Fußball besonders gut verteidigen können und keine Person gut im Tor ist.*
- *Jeder Mensch macht mal Fehler.*
- *In der Gesellschaft und in einer Mannschaft muss gelernt werden, mit der Verschiedenheit aller Personen umzugehen.*
- *Es ist wichtig, jede Person zu akzeptieren und respektvoll zu behandeln.*
- *Die Menschen in Deutschland sprechen alle dieselben Sprachen.*
- *Ich kann etwas, was jemand anderes in der Klasse oder in der Gesellschaft nicht kann.*
- *Menschen brauchen nie Hilfe von anderen Personen.*
- *Es ist manchmal schwierig, damit umzugehen, wenn jemand eine andere Meinung hat als du selbst.*
- *In meiner Familie sehen alle gleich aus.*
- *Wenn ich Hilfe brauche, finde ich es schön, wenn jemand mir hilft.*
- *Es ist richtig, andere Menschen böse zu beschimpfen, wenn du dich über sie ärgerst.*
- *Es gibt nur einen Gott.*
- *Jeder Mensch kann etwas richtig gut.*

Für noch mehr Aktivierung: Gib den Kindern die Möglichkeit, selbst Aussagen zu formulieren.

Platzdeckchen: Ein gutes Team II

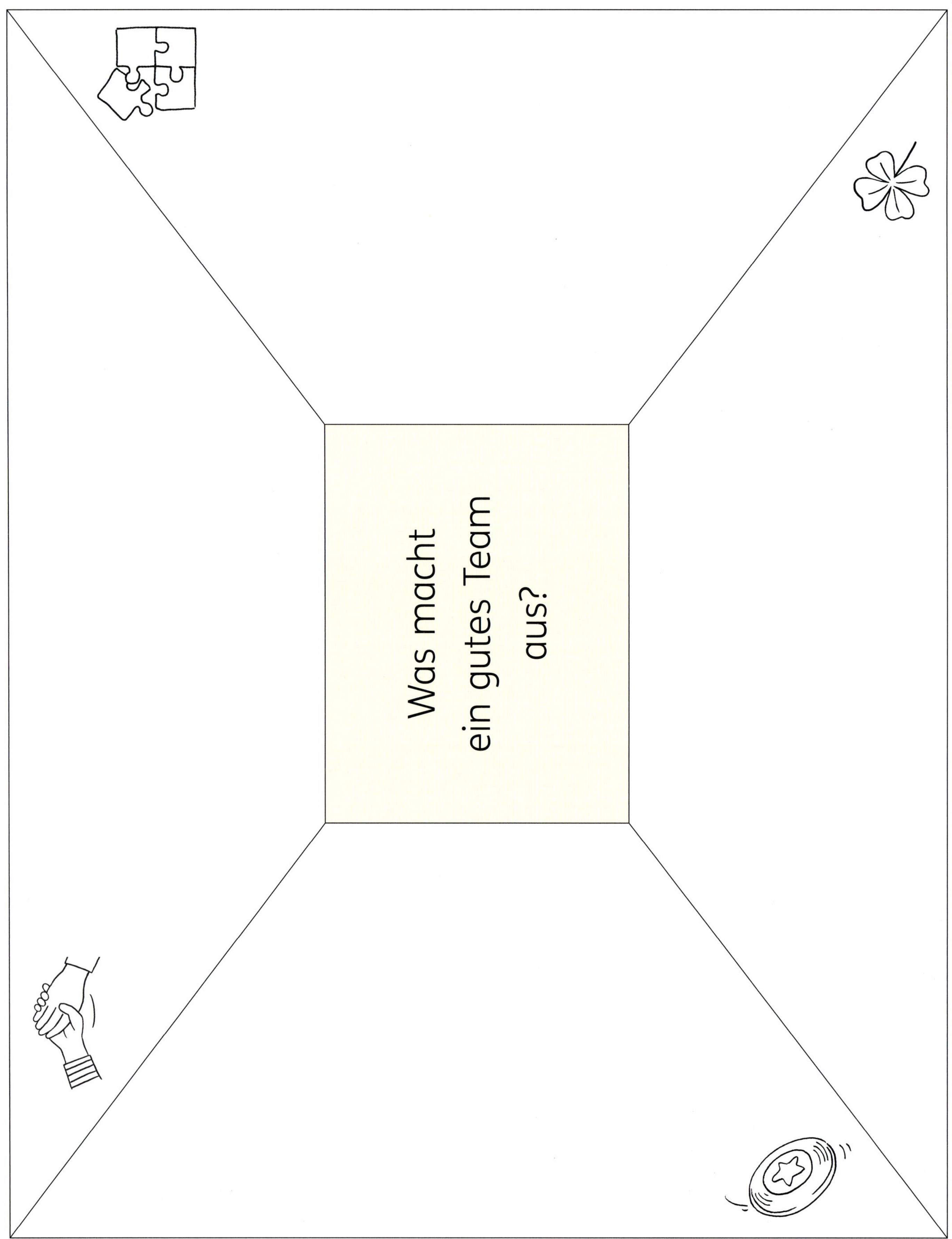

Typisch Mädchen, typisch Junge?

1 Lies den Text.

Hey, Leute, ich muss euch mal von einem Erlebnis erzählen, dass ich vor ein paar Wochen hatte. Ich weiß es noch ganz genau. Die Jüngste in unserer Fox-Familie ist CrazyFox, sie ist drei Jahre alt und geht in die Fox-Kita. Sie erzählte mir eines Abends davon, dass sie in der Kita mit Tony gespielt hätte. Ich fragte: „Ist Tony ein Mädchen oder ein Junge?“ CrazyFox überlegte kurz und sagte: „Weiß ich nicht.“ Ich war etwas erstaunt. „Das weißt du nicht?“ „Nein.“ „Und Liv, mit der du oft spielst, ist das ein Junge oder Mädchen?“ CrazyFox zuckte die Schultern. „Ein Junge, denke ich.“ „Und Linus?“ „Linus ist groß und hat blonde Haare“, antwortete CrazyFox. Ich war völlig überrascht. CrazyFox kennt den Unterschied zwischen Jungen und Mädchen nicht. Das machte mich sehr nachdenklich. Aber na klar! Ganz kleine Kinder kennen keinen Unterschied. Für sie ist ein Kind ein Kind. Aber eben nicht Junge oder Mädchen. Das lernt sie erst später. Es wird einem dann beigebracht, wie ein Mädchen sein soll oder ist und wie ein Junge sein soll oder ist. Das wird *Klischees* genannt. Echt crazy, oder?

© SchlauFox e. V. / Gloria Boateng

2 Was ist für dich typisch Mädchen, typisch Junge? Notiere.

Typisch Mädchen: ______________________________

____

____

Typisch Junge: ______________________________

____

____

3 Wie gefallen dir diese Klischees? Begründe.

____

____

____

____

____

____

Klischees reflektieren

1 Gibt es etwas, das du gern machen würdest, aber nicht machst, weil du denkst, dass es sich als Junge/Mädchen nicht gehört? Notiere.

Manchmal macht ein Junge etwas, was eher als mädchenhaft gilt. Und manchmal macht ein Mädchen etwas, was eher als jungenhaft gilt.

© SchlauFox e.V. / Gloria Boateng

2 Wie reagieren dann viele Menschen darauf?

3 Warum reagieren sie so?

4 Wie fühlen sich die Menschen, wenn andere verständnislos reagieren?

5 Wie können sie in Zukunft angemessener reagieren?

6 Suche dir ein Kind und besprecht eure Antworten.

Nio – eine Geschichte über Klischees I

1 Lies den Anfang der Geschichte.

Nio

Es ist der erste Montag im Februar, nach der Halbjahrespause. Herr Aytug betritt die 4c. Wie es seine Art ist, legt er seine Jacke über einen Stuhl und stellt sich an die Klassentür. Jede Person, die eintritt, begrüßt er mit „Günaydin, guten Morgen" und einem Handschlag. Das macht er seit zwei Jahren, seit er ihr neuer Klassenlehrer geworden ist. Die Schülerinnen und Schüler der 4c setzen sich auf ihre Plätze. Eine Person aber steht die ganze Zeit vor dem Smartboard. „Wer ist das?", fragt Pablo seine Sitznachbarin Imani. „Keine Ahnung, den kenne ich nicht." „Der sieht aber komisch aus", sagt Sinan. „Seine Hose und sein Pulli sind ihm viel zu groß." Nachdem Herr Aytug die Klasse begrüßt, sagt er mit einem breiten Lächeln über seinem ganzen Gesicht: „Wir wollen heute eine Person besonders herzlich willkommen heißen." Er schaut zu dem Kind, das neben ihm steht. „Das ist Nio." Und zu Nio gewandt sagt er: „Möchtest du dich kurz vorstellen? Du musst es nicht, nur wenn du willst." Nio nickt und setzt dabei einige der dunklen Locken in Bewegung. Sie fallen in die Stirn. „Klar, mach ich."

Kurz scheint das Kind zu überlegen, dann sagt es:

„Hey, Leute. Ich bin Nio. Ich bin vor einer Woche mit meiner Familie aus Köln hierhergezogen, weil mein Vater einen neuen Job hat. Hier bin ich also. Bin gespannt, wie es hier an eurer Schule ist. Wo soll ich sitzen?" Herr Aytug schaut sich kurz um. „Setz dich mal neben Liam." Er zeigt zum Gruppentisch hinten auf der linken Seite. „Das ist aber gemein", beschwert sich Adrijana leise. Aber sie sagt es so laut, dass es für viele hörbar ist. „Es sollen doch immer ein Junge und ein Mädchen zusammensitzen. Jetzt sitzen zwei Jungs zusammen." Sie sieht den Blick von Herrn Aytug und verstummt sofort. Collin findet den Neuen in der Klasse total cool. Nio trägt Baggy, meist in dunklen Farben und hat so einen tanzenden Gang. Außerdem hätte Collin auch gern so dunkle, dichte Haare.

2 Male Nio nach deinen Vorstellungen.

3 Lies die Geschichte auf der nächsten Seite weiter.

Nio – eine Geschichte über Klischees II

Seine eigenen sind sehr glatt und dünn. In der nächsten Pause geht Collin auf Nio zu. „Willst du mit uns Fußball spielen?“, fragt er und zeigt auf eine andere Gruppe von Kindern, die bereits auf dem Fußballplatz warten.

Nach wenigen Tagen hätte keine Person sagen können, dass ein neues Kind in der 4c ist. Nio findet schnell in die Klassengemeinschaft. Mal tauscht Nio mit anderen Kindern Yu-Gi-Oh-Karten®, mal spielt Nio Basketball oder Fußball und ein anderes Mal spielen sie gemeinsam fangen oder rennen um die Wette. Nio ist richtig schnell. Bestimmt schneller als Dragan, denkt Suri. Dragan ist bisher der Schnellste in der Klasse gewesen.

Am Donnerstag haben sie Sport bei Frau Seewe. Die 4c betritt die Sporthalle. Die Jungs biegen nach links, die Mädchen nach rechts in den Umkleideraum ab. Nio kommt als eine der letzten Personen rein und steht eine kurze Zeit unschlüssig im Eingangsbereich. Dann entscheidet sich Nio, nach rechts zu gehen. „Hey, Nio“, ruft Collin. „Komm her, hier ist doch die Jungsumkleide.“

Er geht auf Nio zu und zieht das Kind am Arm. Nio folgt Collin zögernd. In der Jungsumkleide setzt sich das neue Schulkind auf die Bank und schaut unsicher den anderen Kindern beim Umziehen zu. „Nio, zieh dich auch schnell um. Frau Seewe ist ziemlich streng. Wir haben nur vier Minuten zum Umziehen.“

„Wer zu spät kommt, muss 20 Liegestütze machen“, erklärt Dragan. „Ich kann mich hier nicht umziehen“, sagt Nio.

Suri am Ball.

Nio – eine Geschichte über Klischees III

4 Wie geht die Geschichte weiter? Schreibe eine Fortsetzung der Geschichte.

Nio – eine Geschichte über Klischees IV

5 Lies das Ende der Geschichte.

Nio – Das Ende der Geschichte

„Wieso denn nicht?“, fragt Peer. Nio antwortet nicht. Alle Jungs sind schon umgezogen und in die Halle gerannt. Einige Mädchen haben mitbekommen, dass Nio sich nicht umziehen möchte. Mila steckt ihren Kopf in die Jungsumkleide. „Nio, zieh dich doch schnell um, Frau Seewe kommt.“ „Was ist denn hier los?“, fragt auch schon die Sportlehrerin. „Warum braucht ihr heute so lange zum Umziehen? Los, alle rein in die Halle und 20 Liegestütze nach dem Warm-up.“ „Frau Seewe, wir haben doch einen neuen Schüler: Nio. Er zieht sich nicht um“, erklärt Collin verzweifelt. Nun steckt auch Frau Seewe ihren Kopf in die Jungenumkleide. „Hallo, Nio, ist alles okay?“ Nio schüttelt den Kopf. „Hast du keine Sportsachen dabei?“, fragt die Lehrkraft. „Doch, hab' ich.“ „Ja, und warum ziehst du dich nicht um?“ „Mit den Jungs?“, fragt Nio. „Ja, warum denn nicht?“ „Weil ich ein Mädchen bin!“, antwortet Nio. „Du bist ein Mädchen?“ „Ja, zumindest auf dem Papier.“ „Und was bist du ohne Papier?“, fragt Frau Seewe. „Nichts von beidem. Ich bin weder Mädchen noch Junge. Ich kann nicht eingeordnet werden.“

6 Wie gefällt dir das Ende? Bist du überrascht? Notiere.

7 Wieso haben die anderen aus der Klasse gedacht, dass Nio ein Junge ist? Schreibe die Hinweise aus dem Text in die Gedankenblase.

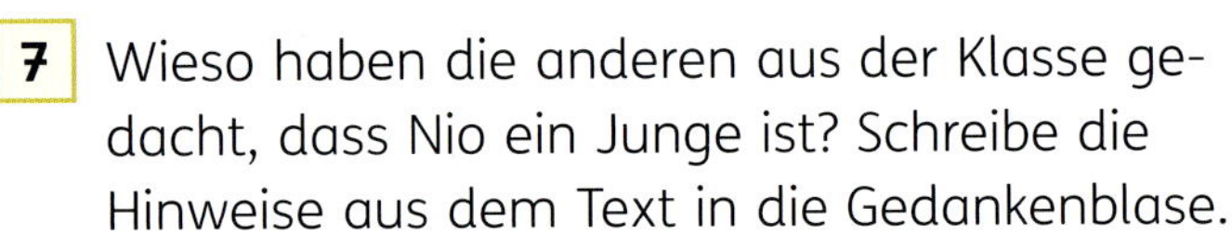

Nio – eine Geschichte über Klischees V

8 Nio sagt am Ende der Geschichte: „Nichts von beidem. Ich bin weder Mädchen noch Junge. Ich kann nicht eingeordnet werden." Was meint Nio damit? Diskutiert darüber.

Die Gesellschaft teilt uns Menschen in Jungen und Mädchen, Männer und Frauen ein. Das wird binär genannt. Aber es gibt Menschen, die sich nicht als Junge oder Mädchen fühlen. Sie können körperlich keinem Geschlecht zugeordnet werden oder fühlen sich keinem Geschlecht zugehörig.

© SchlauFox e. V. / Gloria Boateng

9 Wo könnte Nio im Alltag noch auf Herausforderungen treffen? Notiere.

____

____

____

____

____

10 Was kann die Gesellschaft verändern, damit Nio nicht auf solche Herausforderungen trifft?

____

____

____

____

____

____

____

____

____

____

Ein blöder Tag I

1 Lies die Überschrift und schaue dir das Bild an. Worum könnte es in der Geschichte gehen? Notiere eine Vermutung.

____

____

2 Lies die Geschichte.

Ein blöder Tag

Yaron hat heute verschlafen. Als er aufwacht, wundert er sich, warum es schon so hell draußen ist. Er schaut auf die Uhr und kriegt einen Riesenschreck: 8 Uhr. „O nein, ich bin zu spät für die Schule.“ Im nächsten Augenblick stürmt auch schon sein Vater rein. „Raus aus dem Bett. Aber sofort“, brüllt er Yaron unfreundlich an. „Wir sind alle fertig, nur du nicht.“ Yaron hält sich die Ohren zu. Am Morgen angebrüllt werden, das geht gar nicht, denkt er. Davon dreht sich die Uhr auch nicht zurück. Schnell geht er ins Bad, putzt seine Zähne, macht Katzenwäsche. Ohne Frühstück stürmt er aus dem Haus, er wird sich beim Schulkiosk eine Kleinigkeit kaufen. Er rennt den ganzen Weg zur Bushaltestelle und sieht den Bus schon heranfahren. Nur noch 30 Meter. Er winkt der Person am Lenkrad zu und schreit: „Warten Sie, bitte warten Sie.“ Er ist fast am Bus, da wird die Tür geschlossen und der Bus fährt ab. Dabei schaut die Person Yaron direkt ins Gesicht. „Na toll, jetzt komme ich noch später zur Schule.“ Yarons Schule ist nicht weit, nur vier Haltestellen fährt er mit dem Bus. Diese läuft er jetzt zu Fuß, damit er nicht zehn Minuten warten muss. So ist er wenigstens in Bewegung. Auf dem Weg begegnet ihm eine erwachsene Person mit einem kleinen Kind. Es mag vielleicht fünf Jahre alt sein. Es starrt Yaron die ganze Zeit an. Als Yaron an ihnen vorbeigeht, sagt das Kind: „Der hat aber komische Haare.“ „Ja, das stimmt“, antwortet die erwachsene Person. „Die können nur schlecht gebürstet werden.“ Yaron ist sauer. Er muss sich oft anhören, dass er komische Haare hat. Erstens, weil er als Junge lange Haare hat. Deshalb wird er oft für ein Mädchen gehalten. Und zweitens, weil er Dreadlocks hat. In der Schule angekommen, klopft Yaron an die Tür und geht rein. Er will sich auf seinen Platz setzen. Doch Señora López hält ihn davon ab. „Du bist schon wieder zu spät, Yaron. Du gehst in die Pausenhalle und wartest dort bis zur zweiten Stunde.“

Lies auf der nächsten Seite weiter!

Ein blöder Tag II

Er hatte die neue Schulregel ganz vergessen. Die Schulkinder dürfen jetzt nicht mehr mitten im Unterricht rein, wenn sie zu spät sind. Blöde Regel, jetzt verpasst er die ganze Stunde. Was soll das bringen? In der ersten Pause möchte Yaron sich am Schulkiosk etwas zu essen kaufen. Er sucht in seinem Rucksack nach seinem Portemonnaie. Nicht da. So was Doofes, er hat es auf seinem Schreibtisch in seinem Zimmer liegen lassen. Er greift in seine Hosentaschen. Nichts. Dann in die Jackentaschen. Kein Geld. Er sieht Sahar weiter hinten in der Schlange stehen, sie geht in seine Klasse und hat immer Geld dabei. „Sahar, ich habe leider mein Geld vergessen und noch nicht gefrühstückt. Kannst du mir bitte zwei Euro leihen?“ „Nee, kann ich nicht.“ Verdutzt schaut Yaron sie an. Damit hat er nicht gerechnet. „Seh ich aus, als wär ich die Bank?“, sagt Sahar schnippisch. „Hey, Blödmann“, schreit ein Junge aus der achten Klasse, der am Ende der Schlange steht. „Verpiss dich aus der Schlange.“ Er baut seinen Körper bedrohlich auf und macht einige Schritte auf Yaron zu. „Geh woanders betteln“, faucht er und schubst Yaron aus der Schlange. Was ist das heute für ein blöder Tag?, denkt Yaron. Haben sie es alle auf mich abgesehen?

3 **a.** Stimmt deine Vermutung aus Aufgabe 1? Kreuze an.

☐ ja ☐ nein

b. Begründe.

4 Tausche dich mit einem anderen Kind über die folgenden Fragen aus:

a. Wie gefällt dir der Text?

b. Welche Fragen hast du an den Text?

c. Woran musstest du beim Lesen des Textes denken?

d. Welches Erlebnis von Yaron findest du am schlimmsten?

e. Welches Erlebnis von Yaron findest du weniger schlimm?

Ein blöder Tag III – Blütenblätteraufgaben

1 Bearbeite mindestens drei von den Blütenblätteraufgaben zum Text.

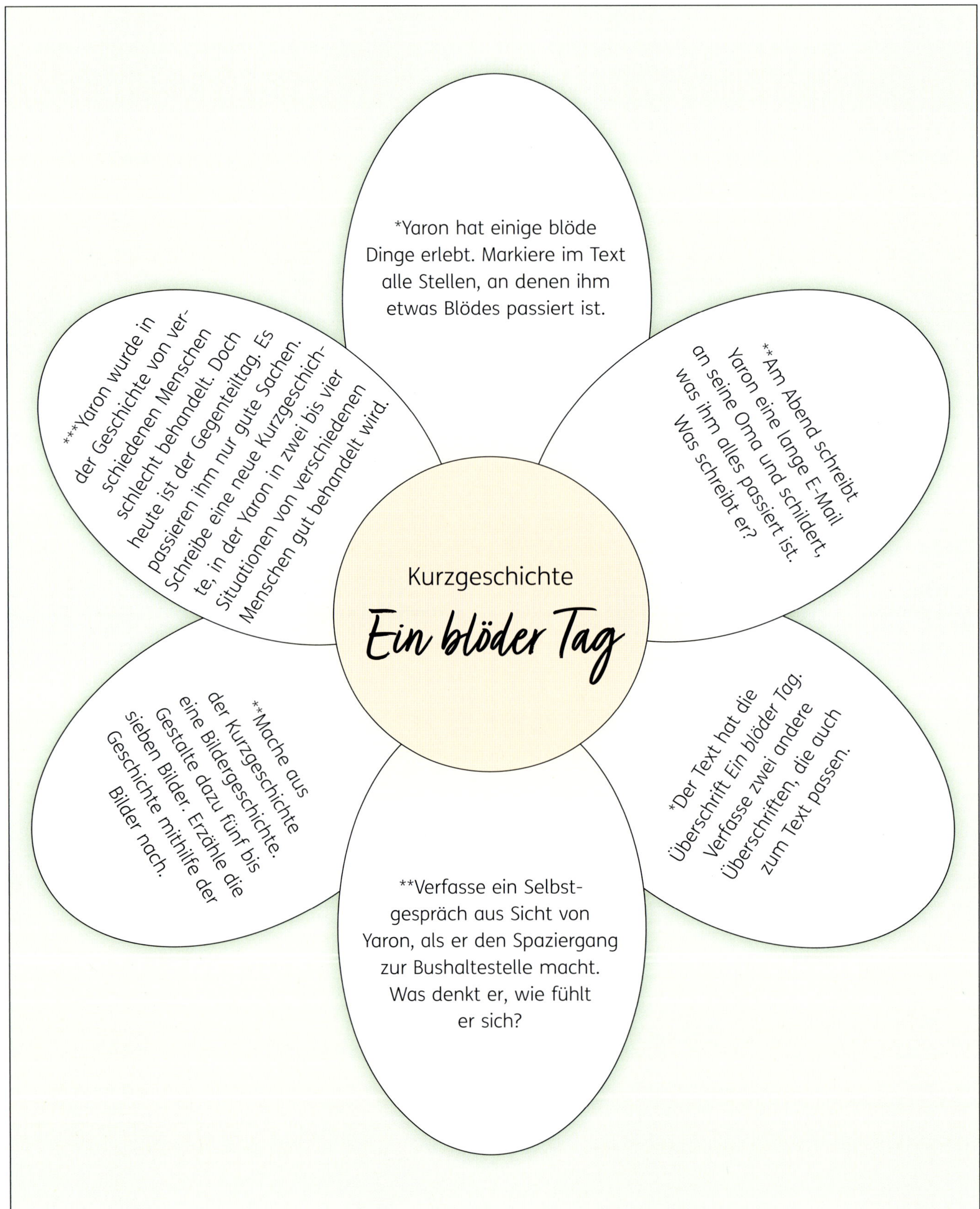

Ein guter Tag

Das Leben ist ein Geschenk. Und jeder gute Tag und jedes gute Erlebnis ist es auch.

© SchlauFox e.V. / Gloria Boateng

1 Wie können wir und andere Menschen uns verhalten, damit wir uns gegenseitig gute Tage und Erlebnisse schenken? Schreibe eine Idee pro Wolke auf.

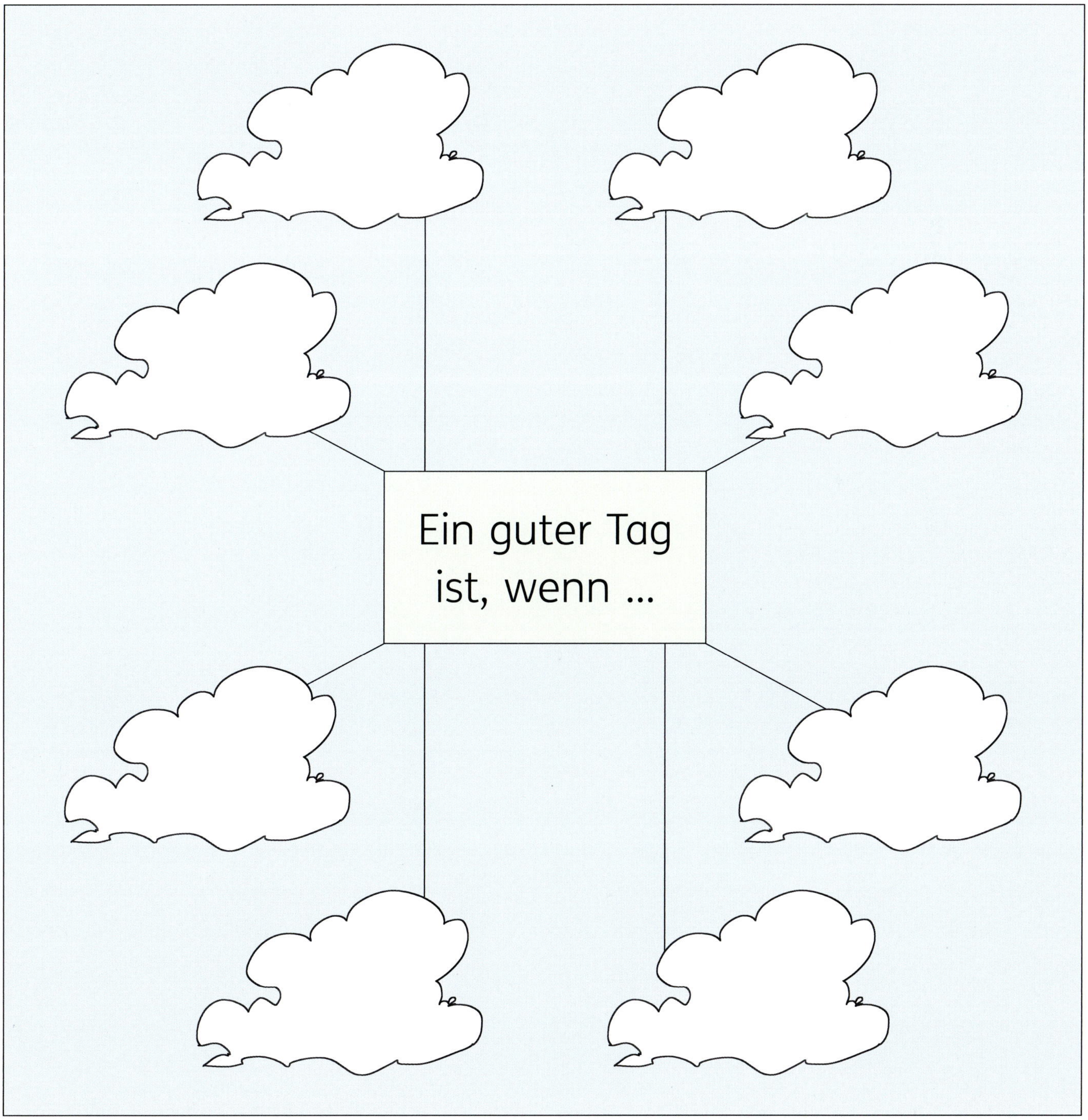

Ein guter Tag ist, wenn …

Elfchen: Mein guter Tag

1 Schreibe ein Elfchen.

Dieser Schreibplan hilft dir:

Zeile 1: 1 Wort

Zeile 2: 2 Wörter

Zeile 3: 3 Wörter

Zeile 4: 4 Wörter

Zeile 5: 1 Wort

Mein guter Tag

____

____

____

____

____

2 Male ein passendes Bild zu deinem Elfchen.

Ich habe einen Wunsch

1 Lies den Text.

ich habe einen wunsch

deutschland ist in den letzten jahrzehnten vielfältiger geworden. die menschen in diesem land sind sehr verschieden. sie haben verschiedene alter, hauttöne, talente. sie haben unterschiedliche lieblingsspeisen und tragen unterschiedliche kleidung. sie sprechen verschiedene sprachen und gehören verschiedenen religionen an. die menschen leben in unterschiedlichen familienformen. manche personen sind hier geboren, manche in einem anderen land. es gibt menschen, die sich einem geschlecht zuordnen, und menschen, die dies nicht tun. es gibt menschen mit und ohne beeinträchtigungen. sie alle leben in deutschland.

ich wünsche mir, dass alle menschen in ihrer vielfalt friedlich zusammenleben. dass sie ihre verschiedenheit akzeptieren und respektvoll miteinander umgehen. ich wünsche mir, dass sie miteinander reden und einander zuhören. ich wünsche mir, dass sie sich in ihren verschiedenen lebensbereichen kennenlernen. ich wünsche mir, dass kein mensch einen anderen angreift, sondern dass sie freundlich miteinander umgehen und sich gegenseitig helfen. ich wünsche mir, dass wir unsere vielfalt schätzen und lieben lernen und uns gegenseitig verteidigen. ich wünsche mir einheit in der vielfalt.

2 In dem Text sind alle Wörter kleingeschrieben. Markiere die Nomen blau und alle Satzanfänge grün.

3 Schreibe den Text richtig ab. Verwende die Schreibvorlage und deine allerschönste Schrift! Achte auf die Großschreibung von Nomen und Satzanfängen.

4 Vergleiche am Ende jedes Wort. Hast du Fehler entdeckt? Korrigiere sie.

5 Warum ist so ein Text überhaupt wichtig? Tausche dich mit einem anderen Kind aus.

Ich habe einen Wunsch – Schreibvorlage I

Ich habe einen Wunsch – Schreibvorlage II

Mein Wunsch

Was wünschst du dir für unsere Gesellschaft?

© SchlauFox e. V. / Gloria Boateng

1 Male oder schreibe.

Tipp: Gestalte deine Wünsche als gut leserliches und schönes Poster. Hänge sie gemeinsam mit den anderen überall an deiner Schule aus oder macht daraus eine Ausstellung. Dann können die anderen Klassen eure Wünsche lesen.

Lösung *Suchsel*

B	A	Z	C	D	Q	R	M	L	P	R	Z	X	A	Y	G	H
P	F	L	E	G	E	K	I	N	D	Y	Q	M	W	V	C	A
U	R	S	T	D	V	O	R	M	F	A	M	I	L	I	E	U
H	I	K	M	W	K	X	W	U	D	L	P	G	B	N	T	Z
C	K	I	N	D	E	R	Q	P	L	N	O	R	D	E	N	D
E	A	F	Z	K	V	J	O	V	R	J	Y	A	M	E	I	S
D	G	L	A	T	H	R	E	S	P	E	K	T	X	A	O	U
N	S	I	V	G	A	R	S	W	I	H	C	I	N	P	F	E
E	I	E	B	T	U	D	N	X	M	O	E	O	A	M	Q	D
I	E	B	E	L	T	H	R	N	V	G	H	N	Q	B	W	E
S	Z	E	E	D	T	E	C	V	B	N	G	M	E	T	J	N
A	P	T	A	D	O	P	T	I	O	N	X	C	O	R	K	I
X	E	D	M	H	N	S	X	P	U	K	B	V	K	I	P	T
R	E	G	E	N	B	O	G	E	N	F	A	M	I	L	I	E
R	V	E	R	A	E	N	D	E	R	U	N	G	Y	Z	A	G

Selbsteinschätzungsbogen

Datum: ____________________

Diese Arbeitsblätter habe ich heute bearbeitet:	
So hat mir das Lernen heute gefallen:	☐ ☺ ☺ ☐ ☺ ☐ ☹ ☐ ☹ ☹
Besonders toll fand ich:	
Nicht so toll fand ich:	
Das habe ich heute gelernt:	

Selbsteinschätzungsbogen

Datum: ____________________

Diese Arbeitsblätter habe ich heute bearbeitet:	
So hat mir das Lernen heute gefallen:	☐ ☺ ☺ ☐ ☺ ☐ ☹ ☐ ☹ ☹
Besonders toll fand ich:	
Nicht so toll fand ich:	
Das habe ich heute gelernt:	

Jederzeit optimal vorbereitet in den Unterricht?

»